U0085577

世紀人物100

鐵路巨擘

詹天佑

陳佩萱　著

三民書局

獻給孩子們的禮物

主編的話

世界上最幸福的孩子，是他們一出生就有機會接近故事書，想想看，那些書中的人物，不論古今中外都來到了眼前，與他們相識，不僅分享了各個人物生活中的點滴，孩子們的想像力也隨著書中的故事情節飛翔。

不論世界如何演變，科技如何發達，孩子一世幸福的起源，仍然來自於父母的影響，如果每一個孩子都能從小在父母親的懷抱中，傾聽故事，共享閱讀之樂，長大後養成了閱讀習慣，這將是一生中享用不盡的財富。

三民書局的劉振強董事長，想必也是一位深信讀書是人生最大財富的人，在讀書人口往下滑落的多元化時代，他仍然堅信讀書的重要，近年來，更不計成本，連續出版了特別為孩子們策劃的兒童文學叢書，從「文學家」、「藝術家」、「音樂家」、「影響世界的人」系列到「童話小天地」、「第一次」系列，至今已出版了近百本，這僅是由筆者主編出版的部分叢書而已，若包括其他兒童詩集及套書，三民書局已出版不下千百種的兒童讀物。

劉董事長也時常感念著，在他困苦貧窮的青少年時期，是書使他堅強向上，在社會普遍困苦，而生活簡陋的年代，也是書成了他最好的良伴，他希望在他的有生之年，分享這份資產，讓下一代可以充分使用，讓親子共讀的親情，源遠流長。

「世紀人物 100」系列早就在他的關切中構思著，希望能出版

孩子們喜歡而且一生難忘的好書。近年來筆者放下一切寫作，接下這份主編重任，並結合海內外有心兒童文學的作者共同為下一代效力，正是感動於劉董事長致力文化大業的真誠之心，更欣喜許多志同道合的朋友，能與我一起為孩子們寫書。

「世紀人物100」系列規劃出版一百位人物故事，中外各占五十人，包括了在歷史上有關文學、藝術、人文、政治與科學等各行各業有貢獻的人物故事，邀請國內外兒童文學領域專業的學者、作家同心協力編寫，費時多年，分梯次出版。在越來越多元化的世界中，每個人都有各自的才華與潛力，每個朝代也都有其可歌可泣的故事，但是在故事背後所具有的一個共同點，就是每個傳主在困苦中不屈不撓，令人難忘的經歷，這些經歷經由各作者用心博覽有關資料，再三推敲求證，再以文學之筆，寫出了有趣而感人的故事。

西諺有云：「世界因有各式各樣不同的人群，才更加多采多姿。」這套書就是以「人」的故事為主旨，不刻意美化傳主，以每一位傳主的生活經歷為主軸，深入描寫他們成長的環境、家庭教育與童年生活，深入探索是什麼因素造成了他們與眾不同？是什麼力量驅動了他們鍥而不捨的毅力？以日常生活中的小故事，來描繪出這些人物，為什麼能使夢想成真。為了引起小讀者的興趣，特別著重在各

傳主的童年生活描述，希望能引起共鳴。尤其在閱讀這些作品時，能於心領神會中得到靈感。

　　和一般從外文翻譯出來的偉人傳記所不同的是，此套書的特色是，由熟悉兒童文學又關心教育的作者用心收集資料，用有趣的故事，融入知識，並以文學之筆，深入淺出寫出適合小朋友與大朋友閱讀的人物傳記。在探討每位人物的內在心理因素之餘，也希望讀者從閱讀中，能激勵出個人內在的潛力和夢想。我相信每個孩子在年少時都會發呆做夢，在他們發呆和做夢的同時，書是他們最私密的好友，在閱讀中，沒有批判和譏諷，卻可隨書中的主人翁，海闊天空一起遨遊，或狂想或計畫，而成為心靈知交，不僅留下年少時，從閱讀中得到的神交良伴（一個回憶），如果能兩代共讀，讀後一起討論，綿綿相傳，留下共同回憶，何嘗不是一幅幸福的親子圖？

　　2006 年，我們升格成為祖字輩，有一位朋友提了滿滿兩袋的童書相送，一袋給新科父母，一袋給我們。老友是美國國家科學院院士，曾擔任過全美閱讀評估諮議委員，也是一位慈愛的好爺爺，深信閱讀對人生的重要。他很感性的說：「不要以為娃娃聽不懂故事，我的孫兒們一出生就聽我們唸故事書，長大後不

僅愛讀書而且想像力豐富，尤其是文字表達能力特別強。」我完全同意，並欣然接受那兩袋最珍貴的禮物。

因為我們同樣都是愛讀書、也深得讀書之樂的人。

謹以此套「世紀人物100」叢書送給所有愛讀書的孩子和家庭，以及我們的孫兒——石開文，他們都是世界上最幸福的孩子，因為從小有書為伴，與愛同行。

如果我問：「誰是中國鐵路之父？」相信許多小朋友都能很快回答說：「詹天佑！」

沒錯，詹天佑的確是「中國鐵路之父」。可是，你知道他為什麼會有這個尊稱嗎？除了這個稱號外，你對詹天佑這個人，還有哪些認識呢？

你知道詹天佑小的時候，是個什麼樣的孩子嗎？

你知道詹天佑小的時候，最喜歡看哪一本書嗎？

你知道詹天佑是幾歲到美國的嗎？

你知道家境貧困的詹天佑，為什麼有錢可以到美國念書嗎？

你知道是什麼原因，讓詹天佑願意忍受離開家人的痛苦，搭乘輪船，遠渡重洋到美國嗎？

你知道明明是男孩子的詹天佑，為什麼在美國時，美國人要叫他「中國女孩子」嗎？

你知道在美國有很多知名的大學，為什麼詹天佑特別想念「耶魯大學」嗎？

你知道是什麼原因，讓詹天佑特別想讀土木工程系嗎？

你知道還想在美國繼續念研究所的詹天佑，為什麼會突然被調回國嗎？

你知道為什麼詹天佑回國後，滿清政府卻沒有派他去修築鐵路，反而將他派去水師學堂學習開軍艦嗎？

你知道為什麼在中法戰爭中，雖然中國打敗了，詹天佑卻聲名大噪，受到中外人士的讚賞嗎？

你知道詹天佑結婚時，誰是他的新娘嗎？

你知道詹天佑的婚禮上，哪位清朝大官當他的證婚人嗎？

你知道過了幾年，詹天佑才達成心願，進到中國鐵路公司工作的嗎？

你知道學有專長的詹天佑，為什麼在鐵路公司裡，只能擔任外國工程師的部屬嗎？

你知道哪裡是詹天佑「事業的故鄉」嗎？

你知道當英、日、德等國的工程師，都無法將灤河鐵橋建好時，詹天佑是用什麼方法完成的嗎？

你知道當外國人取笑中國建造京張鐵路的工程師還沒誕生時，詹天佑是如何讓他們刮目相看、心服口服的嗎？

你知道詹天佑是如何用最少的金錢，在最險峻的地形上，用中國人自己的力量，建造出連外國人都咋舌不已的京張鐵路嗎？

你知道在滿清末年時，當所有外國人都看不起中國人時，詹天佑是如何讓外國人萬分敬佩，主動選他當「英國土木工程師學會」、「美國工程師會」的會員嗎？在他之前，可從來沒有中國人入選過喔！

雖然出生在內憂外患的滿清末年，生長在經濟困難的家庭中，詹天佑卻以好學不懈、勤奮向上的精神，不爭功、隨遇而安的個性，加上大無畏的勇氣和毅力，為中國人爭口氣，也為他自己的一生寫下無數的榮耀，更為中國的鐵路史寫下光輝燦爛的一頁。

小朋友，請翻到下一頁，開始觀看詹天佑的故事，你就能欣賞到詹天佑燦爛精采的一生。

寫書的人

陳佩萱

住在風光明媚、空氣新鮮又多雨的宜蘭。喜歡看書，一年至少要看超過三百多本書；更喜歡寫作，希望能寫出更多、更棒的作品，與更多的讀者分享。曾獲 90 年「文建會兒歌一百徵文」優等、90 年「柔蘭兒童文學獎」臺語兒歌佳作、89 年「第十四屆台灣省兒童文學創作獎」入選、87 年「第十一屆台灣省兒童文學創作獎」優等；著有《吃醋大丈夫》、《阿歡》、《愛的密碼》、《胖鶴丹丹出奇招》、《誰是模範生？》等。

鐵路巨擘

詹天佑

詹天佑

1861～1919

1 出生於家道中落時

又到了年底，詹興洪對著帳本，結算今年茶葉貿易的營運狀況，發現又虧本了，不由得鬱悶的嘆了口氣。

正在為丈夫縫製冬衣的陳氏，聽到嘆氣聲，抬起頭關心的問：「怎麼了？」

詹興洪不願將這種丟臉的事跟妻子說，便迴避說：「沒什麼。」

「哦？」聰慧的陳氏瞥了眼丈夫桌上的帳本，心裡有些明白。但，她並不點破，只是淡淡的說：「沒什麼就好。就算今年茶莊收入不好也沒關係，只要明年多做點生意就可以補回來了。」

詹興洪一聽，知道妻子已猜中實情，便不再隱瞞，才將心裡的想法說出來：「我打算把茶莊關起來，結束營業。」

「為什麼?」陳氏詫異的問。

她當然知道茶莊這幾年處於虧本狀態,可是茶莊是祖傳家業,豈能隨意說關就關的,這可是會落得「敗家子」的惡名啊!因為詹家的茶莊已歷經三代,是由詹興洪的祖父所創,詹興洪的父親發揚光大,直到最近幾年才傳給詹興洪的。

詹興洪的祖父詹文賢是乾隆時代的太學生,不但很有學問,對經商也很擅長。腦筋動得快的他,見許多外地人到他的家鄉安徽婺源縣買茶葉,覺得做茶葉生意似乎不錯,便開起茶莊來,將茶葉運到廣東做買賣。做人誠實機警的他,很快就建立起不錯的商譽,為詹家茶莊立下很好的基礎。

而詹興洪的父親詹世鸞,不但人長得英俊瀟灑,頭腦更是聰明。他年紀輕輕就開始在茶莊裡

幫忙，所以一繼承家業，就非常得心應手。

有豐富經商經驗的他，一得知廣東跟海外要開始通商了，覺得茶葉貿易必會逐漸推廣，為了搶得先機，他毅然決定把家和茶莊從安徽搬到商機處處的廣州城去，結果生意果然越做越大。

但是，賺了錢的詹世鸞非常慷慨，除了拿出一大筆錢來興建文社和設置祭拜詹家祖先的「祠田」外，他還辦了一座學塾，聘請一位有學問的秀才張老先生，教導詹興洪和鄰里的孩子，造福地方。

除此之外，詹世鸞還出錢出力，領頭辦了個「安徽會館」，讓到廣州城打拚的安徽同鄉，有個互相聯繫感情和求取幫助的地方。熱心的他，當然被同鄉們推為「安徽會館」的會長。

就這樣，詹世鸞的聲望一天

高過一天，因此，當他過世時，喪禮辦得非常隆重，不只是城裡的安徽同鄉幾乎都到了，還有不少鄉里中有名望的人也一來弔祭。

可是，自從詹興洪繼承父業以來，不但無法將茶莊生意繼續發揚光大，甚至於連守成都很難做到。因為除了他個性內向、有書呆子氣，無法做個成功商人等個人因素外，整個大環境也因內有太平天國之亂＊，外有英國、俄國、法國等列強入侵中國＊，

放大鏡

＊**太平天國之亂**　太平天國的創始人是洪秀全，廣東省人，因連考四次秀才都落榜，引起他對滿清政府不滿，所以就拿基督教的教義，創立拜上帝會，吸收幹部，將一些較貧窮的百姓組織起來，成為太平軍，進行革命。因滿清政府的軍隊很弱，所以太平軍一路進攻，所向無敵，全國十六省，有十三省被他攻下。他還改南京為天京，成為太平天國的首都，自立為天王。後因內部爭權奪利，加上教義大都違反中國傳統，所以後來被曾國藩所率領的湘軍擊敗。

＊**列強入侵中國**　自從道光二十一年（1841年）中英鴉片戰爭滿清被打敗後，列強便開始打中國的主意，有的從海上來，像英、法；有的從陸上來，像俄國。清廷的大片領土就這樣給蹂躪得面目全非，老百姓更是生活困頓。

戰火不斷，造成國家局勢不穩，生意更因此深受影響，使得茶莊最近幾年發生虧本的現象，無計可施的他才會出此下策。

見丈夫沉默不語，陳氏再次追問：「你為什麼想關掉茶莊呢？」

因為現在他們是靠茶莊的收入來維持家計，若是關了，他們要靠什麼維生呢？這可是另一個不得不考量的問題。

「現在，外銷的生意越來越難做，而茶莊的開銷卻仍然那麼大，每年老是這麼虧本也不是辦法。因此，我想把這裡的茶莊關起來，到南海縣鄉下去開設一家小商店，重新做起小本的茶葉生意。」

知道關閉茶莊不是丈夫盲目的決定，陳氏立刻說：「這主意挺不錯，我們就這麼辦吧！」

詹興洪很高興自己的主張得到妻子的認同，但他還有一件更

在意的事要問：「妳是要留在廣州城，還是要……」

「當然是跟你搬到南海縣去呀！」

「可是那兒沒有這裡熱鬧，生活環境沒有這裡好，交通也沒這裡……」

「嫁雞隨雞，嫁狗隨狗嘛！所以你到哪兒，我就跟到哪兒。」陳氏表明心意一說。

聽了妻子的話，詹興洪安心的笑了，他本來還擔心住慣了熱鬧的廣州城的妻子，會不願意搬到偏僻的鄉下去住呢。

有了妻子的支持，詹興洪很快就處理好廣州城的事務，打包好行李搬到南海縣的鄉下去了。可能是鄉下的空氣新鮮、壓力沒那麼大的緣故，所以才搬去半年多，陳氏就懷孕了。

懷孕後的陳氏常常摸著越來越大的肚子，心裡默禱說：「但願

老天保佑，讓我生個兒子，好接續詹家的香火。」

十月懷胎後，就在清咸豐十一年（1861年）三月十七日這一天，老天果然如陳氏所願，讓她生了個活潑可愛的胖兒子。

剛生產完，虛弱的躺在床上的陳氏，望著兒子開心得流下眼淚說：「詹家有後了！老天果然有保佑！」

抱著身體健壯、哭聲宏亮的兒子，詹興洪開心得合不攏嘴。他聽了妻子的話，靈機一動說：「咱們的兒子就取名為『天佑』好了。」

「為什麼？」陳氏不解的問。

「老天保佑啊！」

恍然大悟的陳氏開心的說：「『天佑』……這的確是個好名字。」

2 討人喜歡的小可愛

　　傍晚時分，一歲多的詹天佑在自家的前院玩，稚氣的臉龐上，那雙骨碌碌的烏黑大眼睛，靈活的轉呀轉，四處找尋新奇好玩的事物，那可能是一片枯葉、一朵野花、一隻蝴蝶，甚至是一坨雞屎，不論是什麼東西，在他眼中都是新奇好玩的玩具。

　　當他一看到父親走進家門，臉上立刻綻放出陽光般燦爛甜美的笑容，因為那可是他最大、最棒的玩具。因此，他邁著粗壯的小短腿朝著父親急奔而去，嘴裡開心的叫嚷著：「爹，抱抱！爹，抱抱！」

　　此刻，就算詹興洪心裡有再多煩人的雜事，也溶化在兒子燦爛的笑容、熱情的叫喚中。他滿心喜悅的抱住急奔而來的寶貝兒

子，嗅著他身上嬰兒特有的乳香味，隨口問：「天佑，今天乖不乖啊？」

「乖！」詹天佑胖胖的小手緊摟著父親的脖子，一臉認真的回答。

聰明可愛的詹天佑，不但深獲父母的疼愛，連街坊鄰居、親戚朋友都很喜歡他，常常逗他玩。大家最常跟他父母讚美的一句話是：「你們詹家啊，一定是祖上積德，才會生出這麼漂亮出色的兒子來。」

寶貝兒子能得到眾人的喜愛，詹興洪夫婦也滿心歡喜。雖然，這一年多以來，茶行的生意未見起色，生活的擔子也越來越重，可是每天只要看到可愛的寶貝兒子，夫妻倆便能忘了生活上的不如意。

「回來啦！洗個手準備吃飯吧！」陳氏招呼丈夫說。

「嗯。」詹興洪抱著兒子跟著妻子一起走進屋裡，邊走邊假裝不經意的問：「孩子今天沒有折騰妳吧？」

「沒有，他今天乖多了。」聰慧的陳氏還是聽出丈夫的關懷之情。

雖然丈夫沒有說清楚是哪個孩子，但是陳氏知道丈夫問的不是抱在手上的天佑，而是她肚子裡的這個，因為自從她再次懷孕後常常害喜，弄得丈夫也跟著緊張得不得了。

幼小的詹天佑只聽懂「乖」這個字，便以為娘是在說他，立刻搶著說：「天佑乖乖！」

「是啊！咱們天佑最乖、最聽話了，是爹娘的心肝寶貝！」

聽到娘的讚美，詹天佑開心的笑了；兒子笑了，做爹娘的當然也跟著笑了。一家人就這麼開開心心的入屋裡去。

當全家人坐下用餐時，詹興洪才又接著剛才的話題說：「妳肚子裡這個八成是個胖小子，才會那麼活潑好動。」

陳氏一邊餵著天佑吃飯一邊開口說：「是兒子好啊！可以讓咱們詹家的人丁更旺。」

詹興洪停下筷子欲言又止的說：「嗯……我想……」

陳氏邊拿著手絹幫兒子擦沾了湯汁的嘴巴，邊鼓勵吞吞吐吐的丈夫：「這裡沒有外人，想說什麼就儘管說，不用顧忌那麼多。」

詹興洪深吸一口氣後，才開口說：「我真的不是做生意的料，所以不論搬到哪兒，生意還是做不好，害妳和天佑跟著我過苦日子……」

「一家人能平平安安在一起就是福了，怎麼說是苦日子呢？」陳氏插嘴說，她才不讓妄自菲薄的話滅了丈夫的志氣。

詹興洪知道妻子體貼他，可是現實問題不能不考量：「現在，家裡的人口越來越多了，花費也會越來越大，再這麼下去，總是不行。因此，我打算……」

「你打算怎樣呢?」陳氏望著丈夫認真的問。

「我打算買塊田地，從事農耕，這樣起碼還可以自耕自給自足。在農閒時，我可以替人寫寫書信和刻印章，好增加些收入。」

陳氏聽了贊同的說:「這真是個好主意!」

「可是要存錢買地，以後的日子可能會更不好過。」

「只要熬過這陣子，等地買了不就有好日子過了。」

感染了妻子樂觀天性的詹興洪，信心滿滿的說:「嗯，我一定會讓妳和孩子們有好日子過。」

雖然接下來他們的日子過得更清苦拮据，但在陳氏努力維持

家計下，倒也沒讓家裡發生衣食不足的問題。當第二個孩子出生沒多久，他們也攢夠了錢，便買一塊薄田從事農耕。

勤奮耕種的詹興洪，在詹天佑兩歲大時，便利用空閒時間教他識字。見兒子每個字約教個兩三遍，就差不多都記住了，不禁開心的對妻子說：「咱們天佑學識字學得這麼快，真是個神童。」

「那是因為他有你這個好老師啊！」

被妻子一誇，臉皮薄的詹興洪心裡雖然開心，卻也紅了臉，不過他更有為人父母的得意與驕傲：「咱們天佑年紀這麼小，就這麼會念書，以後參加科舉考試*，中個進士絕對沒問題……咱們詹

放大鏡

*科舉考試 古代選拔官吏的考試制度，因為分科目來拔舉人才，所以稱為「科舉」。自從隋唐以後到清朝，都用這種考試方法選拔人才，至光緒三十一年（1905 年）廢止。

家有指望了。」

　　望著認真識字的大兒子，陳氏露出欣慰的笑容，然後低頭對著襁褓中的小兒子溫柔的說：「天佐長大後，也要跟哥哥一樣厲害喔！」

3

迷上《天工開物》

在父親詹興洪幾年來的教導下，詹天佑已學會了好幾百個字彙。但詹興洪覺得只靠他閒暇時的教導，很難讓詹天佑有系統的將四書五經學會，那日後如何去參加科舉考試，謀取功名光耀門楣呢？因此，當詹天佑七歲時，雖然家裡生活仍清苦，詹興洪還是讓他到離家不遠的學堂讀書。

一聽到爹娘要將他送進私塾讀書，詹天佑開心得不得了，因為喜歡新奇事物的他，聽說學堂裡的那位何天義老師是個很有學問的人，有他當老師的話，自己滿肚子的疑問就可以得到解答了。

可是，才去上三天課，詹天佑就意興闌珊不想去了。

一天清早，像往常一樣，詹

與洪到田裡工作，六歲的天佐和四歲的瓊仙正在院子裡玩，陳氏背著三歲的小女兒和仙忙著做家事。當她瞥見大兒子碗裡的飯還剩大半碗，立刻提醒他：「天佑，飯要吃快點喔！你上學快來不及囉！」

「喔……」

聽到兒子無精打采的回應，再看到他依然有一口沒一口的扒著飯，陳氏便先擱下手邊忙碌的家事，擦乾雙手，走到他身旁，摸著他的額頭關心的問：「是不是不舒服？」

詹天佑搖搖頭。

「那是……不想去上學囉？」

見兒子的神情，陳氏便知道自己猜中了，接著問：「為什麼不想去上學呢？」

「娘，上學沒有我想的那麼有意思。」

「哦？為什麼呢？」

　　「老師教的內容，我一下子就學會了，可是，因為許多同學還不會，所以老師只好一再的重複教同樣的東西。比如說《三字經》吧，我上學第一天就全會背了，可是，現在老師才教到一半而已……」

　　這些話立刻讓陳氏明瞭為何兒子說上學沒意思了，不過她還是勸兒子說:「你才上了幾天課而已，學堂裡的狀況還不一定都很了解，所以還是再去念念看吧！如果過一陣子還是這樣，娘再請你爹去跟老師談談。」

　　娘的話讓詹天佑的心情開朗不少，立刻快速的將剩下的飯吃完。

　　要出門去學堂時，詹天佑忍不住回頭問娘說:「娘，上學是不是只能學識字和背誦《三字經》、《百家姓》、《千字文》、《千家詩》這些書呢？」

「當然不只呀，等你再大一些，老師還會教你四書五經啊，像是《論語》、《孟子》、《大學》、《中庸》，這些都是很有學問的書喔！」

「可是再有學問的書，如果只是一直要我們死讀、死記、死背，而老師不加以講解，我們又怎麼會懂它的意思呢？」

「這簡單。你想知道意思，可以請老師幫你講解啊！」

「娘，老師也會教我們為什麼一天會有白天和黑夜、為什麼一年會有春夏秋冬、為什麼冬天會下雪夏天卻不會……，這些實際有用的學問嗎？」

「啊？」陳氏愣了一下，因為她從沒聽過學堂有教這些的。

「如果老師能夠告訴我這些疑問的解答，不知道有多棒啊！」

望著兒子離去的背影，想著兒子剛剛說的話，陳氏決定請丈

夫去跟學堂的老師談談。

　　得知兒子學習能力強，詹興洪非常開心，因此非常樂意的去學堂找老師商量，請他多教兒子一些新的知識。

　　何天義聽了詹興洪的話，不但不生氣，還開明的說：「天佑這孩子的確跟別的孩子不一樣，我會再多找些他感興趣的東西來教他。」

　　「那就有勞老師了。」

　　從那時候開始，何老師便常在一般課程外，為詹天佑安排一些特別的教材，還將他自己的藏書借給他看。因此，不再覺得無聊的詹天佑又喜歡上學堂了。

　　有一天，詹天佑歸還老師借給他的書籍時，在書架上發現了《天工開物》這本書，好奇心驅使下，他便拿下書來隨手翻閱，沒想到立即被書裡一幅幅精美的插畫給吸引住了。

在批閱學生作業的何天義，抬頭見詹天佑拿著一本書站立在書架前不動，便隨口問：「天佑，想借的書挑好了嗎？」

詹天佑拿著《天工開物》跑到老師面前，急切的說：「老師，這本書借給我好不好？」

何天義看清楚書名後，有些詫異的問：「這本書是明朝宋應星所寫的，用字遣辭有些兒難，你看得懂嗎？」

「看得懂！」詹天佑眼睛晶晶亮的說。

不過何天義並不怎麼相信詹天佑的話，因為詹天佑雖然早在家裡學會了幾百個字彙，本身的領悟力也強，但《天工開物》並不是一本七、八歲的孩子隨隨便便就能看得懂的書，因為，這部書可說是包羅萬象的科技百科全書，包含的類別相當廣泛，不論是農業、紡織、陶瓷、礦業、造

紙等技術都搜羅在裡面。不過，他覺得就算詹天佑有看沒懂也無妨，便將書借給他。

沒想到幾天後詹天佑來還書時，竟然興奮的說：「老師，這本書真是太好玩了！」

何天義聽了瞪大眼睛問：「你真的看得懂？」

詹天佑點點頭，然後從袋子裡拿出一個東西給何天義，說：「老師，您看！這是我照書裡的圖片和方法做的模型。」

何天義仔細端詳詹天佑用泥巴塑成的帆船，雖然他做得不像書裡畫得那麼精美，卻也有模有樣的。他隨口問了詹天佑幾個有關帆船製作的問題，詹天佑都對答如流，且答案非常正確，令何天義不禁對他另眼相看。

「老師，您這本書再借我看一次好不好？」

「你不是才剛看完嗎？」

「因為這本書實在太有意思了，所以我想再看一遍。」

何天義想了一下後，露出慈愛的笑容說：「你這麼喜歡，這本書就送給你好了。」

詹天佑聽了兩眼發亮，難以置信的問：「老師要將《天工開物》送給我？真的？」

見何天義點頭，詹天佑驚喜萬分，嘴巴咧得大大的，雀躍的說：「老師，謝謝您！我一定會好好珍惜它的！」

4 小小技藝家

　　詹天佑本來就對機械很有興趣，在看完《天工開物》這本書後，他對機器的興趣更加濃厚。除了喜歡用泥土捏製各種戰車、輪船等機器模型，還常常興致盎然的將自己收集的機械零件拼拼湊湊，又裝又拆的，玩得不亦樂乎。不過身為父親的詹興洪對此卻很不以為然，常要妻子多盯著他看書，別讓他老是將時間浪費在這些無用的事情上。

　　有一天，詹興洪從外面回到家時，看到詹天佑又帶著天佐、瓊仙在院子裡，將一些鐵片、螺絲釘、螺絲帽拼拼湊湊時，責備他說:「天佑，你當大哥的，應該以身作則，帶領弟弟妹妹多看點書，別老是每天只顧著玩鐵片、螺絲這些沒用的東西。」

「爹，如果老師教的我們都學會了，是不是就可以玩了？」

一見父親點頭，詹天佑開心的接著說：「老師教的，我都念好了，也把天佐和瓊仙教會了。」

「真的？」

「爹，您可以考我們啊！」天佐說。

詹興洪立刻考問了三個孩子《三字經》、《百家姓》，沒想到他們真的都背熟了。他不好意思言而無信，只好讓孩子們繼續玩，但是在進屋子之前，他仍忍不住繼續訓誨說：「老師教的學會了，也可以自己再多看些別的書啊！尤其是天佑和天佐現在更應該多用功些，以後參加科舉考試才能考上進士，光耀門楣。」

「是的，爹。」

詹興洪進到屋裡，將自己對天佑的擔憂再次跟妻子陳氏說。邊背著小女兒和仙，邊做晚餐的

陳氏聽了，別有一番見解的說：

「天佑絕不是個喜歡胡鬧的孩子，我看他玩機械是想學習一些新的技能，研究一些原理，這是值得鼓勵的。」

「研究機械研究得再好，還不就是當個工匠！有什麼用？」

「可是，你不覺得咱們天佑跟一般的小孩子不同嗎？他的興趣和天賦都在機械上，說不定他以後會以這個出人頭地喔！」

詹興洪不以為然的說：「像這種工匠的雕蟲小技，哪能出人頭地？還是叫他好好用功讀書，將來去參加科舉考試，尋求功名才是正途。」

陳氏覺得再談下去，夫妻倆就要起爭執了，便轉移話題說：

「晚飯好了，我去叫孩子們進來吧！」

晚飯後，詹興洪又到學堂去跟何天義老師討論天佑的事。

「天佑整天玩機器，我擔心會妨礙他讀書。」

「這你可以放心，到現在為止，天佑的書讀得比誰都好。而且他腦筋靈活，好奇心重，說不定將來可以像古時候的張衡、祖沖之那樣，做個千古留名的發明家。」

得到老師的肯定，詹興洪又歡喜又擔心，語重心長的說：「謝謝老師對天佑的器重，希望天佑以後別辜負了老師的一番苦心！」

何天義笑著說：「我教了那麼多年書，最看重的就是令郎了。現在他才七、八歲，還不適合出遠門，再過幾年，等他稍微長大些，我建議你不妨把他送到專門的學校，去學機械或科學。」

清朝被英法聯軍打得東倒西歪後，一些知識分子發現洋人的船艦和武器都很精良，建議同治皇帝展開自強運動，因此朝廷設

立了江南機器製造局、船政局和兵工廠等，而何天義認為腦筋靈活、喜歡研究機械的詹天佑，非常適合到這樣的學校求學。

「到時候再說吧！」

雖然何天義這麼說，詹興洪還是心存懷疑，因為這畢竟跟一般的科舉考試不大一樣，他不知道哪一種對天佑比較好。

日子就在平順間又過了幾個月。

有一天，當詹天佑走進大廳時，聽到掛在牆壁上的自鳴鐘正「噹——噹——噹——」整點報時，他瞥了一下時鐘，知道是什麼時辰後，便習慣性的要到院子裡玩。

但是，當他前腳剛跨過門檻時，忽然靈機一動，立刻將跨出去的腳縮了回來。他左瞧瞧右看看，確定附近沒有人後，立刻搬了張椅子到自鳴鐘下，然後雙腳

站了上去，伸長手臂將牆上的自鳴鐘拿了下來。

拿下自鳴鐘後，他瞪大眼睛仔細端詳自鳴鐘的外觀，卻仍看不出它運轉的奧祕。然後，他深吸一口氣，小心翼翼的將鐘面打開，鐘裡大大小小的齒輪立刻呈現在他眼前。可是，不論他上瞧下看、左探右望，還是看不清楚內部齒輪運轉的情形，這可該怎麼辦呢？

在不想功虧一簣的情況下，他毅然決然的將齒輪一一拆下。但，當他聚精會神的研究齒輪的排列組合時，突然響起的聲音嚇了他一跳。

「喔──大哥，你慘了！你把自鳴鐘弄壞了！」

「噓──」詹天佑立刻將食指放在嘴唇上，要天佐小聲一點兒，然後緊張的四處張望，確定沒看到爹娘的身影後，他才鬆了

口氣。

　瓊仙望著散落一地的機械零件，擔憂的說：「大哥，鐘壞了，爹爹會生氣的，怎麼辦？」

　詹天佑安慰瓊仙說：「別擔心，大哥會修好的。」

　「真的？」天佐和瓊仙驚訝的問。

　「嗯！」詹天佑點頭回答。

　不過，詹天佑雖然嘴上這麼說，心裡卻忐忑不安，因為他並沒有十成的把握。他緊張的吞口口水後，接著依據剛剛心裡默記的順序將齒輪組合，沒想到竟然真的讓他組合好。

　看到鐘擺滴答滴答的走，天佐和瓊仙露出崇拜的眼光，敬佩的說：「大哥，你好厲害喔！」

　詹天佑自己也覺得好得意，胸中更是充滿無法言喻的滿足感。他趁爹娘還沒發現前，趕緊將自鳴鐘掛回去。然後對天佐和

瓊仙說：「我們去玩泥巴吧！」

「耶！耶！耶！」天佑和瓊仙齊聲歡呼，因為玩泥巴是他們最喜歡的遊戲。

「大哥，你要捏很棒的戰車給我喔！」天佑說。

「好！」

「大哥，你要捏一艘大大的輪船給我喔！」瓊仙說。

「沒問題！」

三人邊說邊往屋後的那片竹林跑去，直到三人不見蹤影後，陳氏才從大廳的屏風後走出來。她走到自鳴鐘下，伸手將掛歪了的自鳴鐘扶正，想到才七足歲的兒子，就能無師自通，自行拆裝自鳴鐘，她不禁露出為人母親的得意笑容來……

5 考取美國留學

「天佑，放學了啊！」

一進門的詹天佑循聲望去，立刻露出歡喜的笑容，朗聲問候說：「譚伯伯好！」

詹天佑所稱的譚伯伯，就是詹興洪的同鄉兼好友譚伯村，家境比詹家富裕，因為生意上的需要，時常來往於廣州與香港間，所以除了思想比較先進外，消息也特別靈通。幾年前他到詹家走訪時，發現詹天佑對機械和科學特別有興趣，是個天資聰穎與眾不同的孩子，便對他非常賞識，愛護有加。

譚伯村常來找詹天佑說話聊天，除了把他從書本、報紙上所看到的許多科學新知告訴詹天佑外，還常從香港幫詹天佑帶回許多新式的兒童畫報。其中，最讓

詹天佑愛不釋手的，是一張真的火車的照片。一看到照片，詹天佑就被照片中的火車給吸引住了，知道它可以載動上百人，比轎子、人力車還好用幾百倍，不禁詫異得目瞪口呆，覺得它真是一部既神奇又獨特的機器。還有那叫相機的機器，竟然能照出比任何畫家畫得還要傳神的影像來，真是不可思議，令他深深覺得這個世界真是無奇不有啊！

「哇！才幾天不見，你又長高了。對了，你多大了？」

「十二歲了。」

「十二歲了……對喔！你的年紀跟我們珍兒差不多，我怎麼忘了？」

譚伯村所說的珍兒，是他的四女兒譚菊珍，因年齡跟詹天佑差不多，所以詹天佑和弟弟到譚家玩時，他們就常在一起玩耍、聊天，可說是兩小無猜。

「譚伯伯，你為什麼突然問起我的年齡？」詹天佑奇怪的問。

譚伯村以一莫測高深的眼神望著詹天佑，問道：「你是不是對西洋的新學問和工程技術非常感興趣？」

見詹天佑點頭後，譚伯村接著問：「如果現在有個機會，讓你遠渡重洋到美國，去學習西洋的新學問和工程技術，你願不願意去？」

「我當然……」詹天佑興沖沖的想回答「願意」，卻又戛然而止。他當然極度渴望夢想能實現，可是，在面對不可預知的未來時，十二歲的他，既戀著家，又沒有足夠的人生歷練可作為下決定的參考。

一進門，就聽到老友在跟寶貝兒子談美國留學的事，詹興洪立刻打岔問：「老譚，你又在跟天佑胡扯些什麼？」

「我不是胡扯，而是有憑有據的。」

「哦？」

「你記不記得兩年前我跟你提過一件破天荒的大事？」

見詹興洪茫茫然，似乎沒什麼印象，譚伯村立刻接著說：「就是朝廷派陳蘭彬和容閎兩人做監督，在上海設立出洋局，辦理招生，打算招考三十名學童，到美國去學習各項科學技能的事呀！」

詹興洪想了一下，說：「的確聽你說過這件事。那時候你說天佑若是大些，考場能近些，就要天佑去考考看。你現在提這些，該不會是……」

「沒錯，我想要讓天佑去報考。」

詹興洪聽了嚇了一大跳，不過，隨即鎮定的說：「你少瞎操心了，都已經兩年了，那三十個名額早就滿了。」

「不不不！知道這個消息的沒有幾個人，而能知道這個消息的人，大部分不是有錢人，就是有地位的滿洲人。衣食無缺的他們，哪肯讓孩子去參加這種考試呀！因此，招募了兩年，三十個名額還沒滿。」

「原來如此。」詹興洪終於有些兒明白。

「聽說那個容閎大人，是第一個留學美國的中國學生，有經驗、有眼光的他，對這件任務非常用心，全力以赴。他認為咱們南方的風氣比較開放，招生比較容易，便親自到香港招生。」

「他親自來香港招生？」

「嗯。我一得知消息，腦海中浮現的第一個念頭就是：『天佑該去報考！』因此便興沖沖的來找你商量這件事。」

詹興洪很感謝好友的熱心，但是他思慮再三後，拒絕說：「天

佑雖然已經十二歲，但還是太小了，我怎麼可能放心讓他一個人到外國去呢？還是算了吧！」

「爹，我……」

「大人商量事情，小孩子別插嘴！你先回房讀書去！」

既無法表達自己意見，又無法違背爹的話，詹天佑看了譚伯村一眼後，便無奈的轉身回房去了。

深知詹天佑心意的譚伯村，繼續遊說詹興洪：「天佑雖然年紀不夠大，但也不小了，絕對能夠自己照顧自己。何況這是為國家培養人才，朝廷自然就會安排人照顧的，所以你不用擔心天佑沒人照顧。」

詹興洪沉思了一會兒，說：「我還是不放心。反正我們天佑書讀得不錯，將來參加科舉考試，謀求個功名應該不是問題，因此沒有必要年紀這麼小，就冒

險遠渡重洋去留學。」

具有新思想的譚伯村卻不這麼認為，他語重心長的說：「現在年頭不同了！我看將來科舉說不定會廢掉呢，所以你不必太指望它，還不如讓天佑到外國去學一點新東西，才真的有出息。」

「我不信！」詹興洪才不信已實行上千年的科舉制度會廢除。

「現在時代進步得那麼快，光只是用八股文＊來考試的科舉制度，哪能挑選出真正能為國家做事的人才？所以我可以跟你保證，科舉制度廢掉只是早晚的事罷了。何況讓天佑去參加留學考試，如果考上了，去念個『洋翰

＊八股文　明清科舉制度所規定的文體。每篇由破題、承題、起講、入手、起股、中股、後股、束股八部分組成。「破題」用兩句話說破題目要義，「承題」是承接破題的意義而加以說明，「起講」為議論的開始，「入手」為起講入手的地方，下自「起股」到「束股」才是正式議論，以「中股」為全篇重心。在這四股中，都有兩股排比對偶的文字，合共八股，叫做「八股文」。

林』回來，也不錯啊！老詹，我
們那麼多年的交情，我又那麼喜
歡天佑，難道會故意害他嗎？」

詹興洪知道老友的好意與善
意，但天佑不過才十二歲，萬一
真的考上了，被送到國外求學，
就算能平平安安回來，至少也要
七、八年以上的時間；萬一水土
不服，或是出個什麼意外，說不
定就這樣永遠不能再見面了。想
到這裡，他便萬般不捨，因此對
譚伯村說：「你的話雖然很有道
理，但是這件事關係著天佑的一
生，實在太重要了，我必須從長
計議。」

「報名快截止了，沒時間讓
你從長計議，你趕快下決定吧！」

譚伯村見詹興洪猶豫再三，
便焦灼的說：「既然你說事關天佑
的一生，你何不問問他的意見，
讓他自己做決定吧！」

「小孩子哪知道什麼利害得

失，所做的決定哪能做準？何況不用問，我也知道他一定是滿口答應的。」

「既然如此，為何你不肯尊重他的心意？」

詹興洪被逼急了，生氣的說道：「兒子是我的，你急個什麼勁兒呀？」

沒想到這嗆人的話，譚伯村聽了不但不生氣，甚至還非常理所當然的回答說：「天佑不只是你的兒子，也是我的半子，我怎麼能不急？」

詹興洪聽了這話，不禁愣住了，用不解的目光瞪著譚伯村，問：「你說什麼？天佑哪時候成了你的半子了？」

「我心裡早有打算，想把我們家菊珍許配給天佑，這事你不會反對吧？」說的雖然是問句，可是那臉上的神情可是明擺著，詹興洪膽敢反對的話，他絕對會跟

他翻臉。

「你這話是說真的，還是開玩笑的？」詹興洪一臉驚訝的問。

「怎麼不是說真的？難道兒女婚事可以拿來亂開玩笑的嗎？」

詹興洪覺得既然譚伯村把天佑當半子看，為了他自己女兒未來的幸福著想，應該不會陷害天佑，可是……

「就讓天佑去考考看吧！」

聽到妻子的話，詹興洪詫異的循聲望去，見到妻子身後的天佑，他便明白了。他從妻子的眼神中看出她的不捨，可是她卻願意忍住自己的不捨，放孩子去自由翱翔，自己何不成全孩子的志向呢？

「好吧！一切就聽你老兄安排吧！」

「這真是太好了！我馬上幫天佑報名去！」

詹興洪挽留他說：「老譚，不

必那麼急，留下來吃過晚飯再走吧！」

「不用了，吃飯哪比得上這事要緊，還是先去辦好。對了！你們別忘了要幫天佑準備行囊，過幾天他就得趕到香港應考。」

交代好事情，譚伯村便興沖沖的要走了，但走到門口仍不忘回頭叮嚀說:「天佑，這千載難逢的好機會你可要好好把握！要好好用功喔！」

「好！我一定會認真念書的。」

「這才是好孩子！」

不久，考期將近，詹興洪放心不下，決定親自帶著詹天佑到香港應試。出發前，全家人都離情依依。

天佐、瓊仙、和仙緊拉著詹天佑的衣角，捨不得他走。陳氏更是緊緊摟著個兒已到她肩膀高的詹天佑，再三叮嚀囑咐:「出門

在外，一切都要格外小心，別跟你爹走散了喔！」

「嗯。孩兒定會謹記娘的教誨。」詹天佑乖巧的點頭承諾，第一次離家的他，早已因離情依依而淚滿盈眶了。

「只是去考個試而已，又不是就此遠渡重洋，有什麼好捨不得的？說不定沒考上，轉眼就回來了。」詹興洪故作輕鬆的說。

忽然來了一部人力車，原來是譚伯村帶著女兒菊珍來送行。

「天佑，要全力以赴喔！別辜負了你父母和譚伯伯對你的期望喔！」譚伯村叮嚀說。

「嗯。我會全力以赴。」

雖然在眾人面前，譚菊珍有些害羞，但她仍勇敢的將自己準備的禮物送給詹天佑，說：「這是我自己繡的錦囊，裡面放著我跟我娘到廟裡幫你求來的護身符，祝福你一切平安順心。你要放好

喔！」

　　詹天佑有些靦覥的收下了錦囊，心裡卻無比的悸動。

　　或許是家人的祝福和錦囊的保佑，讓詹天佑到香港參加出洋局的考試相當順利。應試時，監督容閎見詹天佑聰明敏捷，回答問題井然有序，立即決定錄取。不過考取以後，詹天佑卻來不及回家報喜，因為他必須立刻和其他一起考上的留學生，隨著監督容閎直接從香港乘船到上海的預備學堂，參加為期四個月的留學培訓。

　　這次，當他在香港登船準備出發到上海時，只有父親送行。

　　詹興洪望著年紀尚小的兒子，千言萬語不知從何說起，只化為簡單的一句:「多多保重！」

　　「嗯。」心中五味雜陳、百感交集的詹天佑也說不出話來，只是猛揮著手向父親道別。

　　眼看載著詹天佑的船漸漸遠去，消失在茫茫大海中，詹興洪不禁想起，剛剛清政府要他在上面簽字畫押的「出洋志願書」的內容：

　　我兒詹天佑，願意由出洋局送去美國讀書，學習技藝。回國以後，聽候政府差遣，不能在國外逗留謀生。如果因生病或意外而死亡，則自認命該如此，必須毫無怨尤。因口說無憑，以此具結書為憑證。

　　學童詹天佑，年十二歲，中等身材，臉圓白，徽州府婺源縣人。

曾祖父文賢

祖父世鸞

父親興洪

同治十一年三月十五日

　　想到此後兒子不在身邊，想到日後父子不一定還能相見，詹興洪不禁潸然流下慈父淚。

中國留學先驅
——容閎

　　詹天佑和二十多名被錄取的幼童，跟隨容閎離開香港，到上海「幼童出洋肄業局」所辦的預備學校，學習中、英文和美國的風土民情。

　　在學習西餐禮儀時，幼童們雖然覺得用刀叉吃東西很奇怪，不像使用筷子那麼方便，但是因為新鮮有趣，所以學得還不錯；但學習與中國字的字型、發音、句型、文章架構迥然不同的英文時，就讓這三十名準留學生學得頭昏腦脹，舌頭打結了。

　　看到幼童英文的學習狀況不是很好，容閎語重心長的訓勉他們說：「現在洋人能夠富國強兵，原因就是他們的科學技術非常發達，而朝廷這次派你們到美國留學，正是要你們好好學習他們所

長，日後得以回國報效國家，讓國家富強，以抵抗外國的欺侮與侵略。而在你們要學習他們先進的科學知識之前，必須先學會英文，因為你們必須先掌握英文這把鑰匙，才能開啟進入西學的大門啊！」

幼童們將容閎的話銘記在心，更用心研讀英文。漸漸的，他們發現英文與中文最大的不同點，在於英文的每個字彙都是由好幾個英文字母組合而成的，而這些字母又可以跟別的字母組合成新的字彙。他們由好奇而產生興趣，然後下工夫學習，因此英文終於有些進步了。

白天，幼童們忙於學習各項功課，所以沒空想家；但是，每到夜深人靜時，濃濃的鄉愁總是湧上他們幼小的心頭，因為第一次離家到異鄉的他們，好想爹，好想娘，好想哥哥、姐姐、弟

弟、妹妹，好想好想家裡的一切一切，可是他們不知道哪時候可以回家，更不知道以後還有沒有機會見到家人。因此，在夜深人靜時，常常有人躲在被窩裡哭，詹天佑也不例外。

一天晚上，想家的詹天佑又躲在被窩裡偷偷哭泣時，感覺到有人輕輕拍著他矇著頭的棉被，因為怕被笑不夠勇敢、不像男子漢，他立刻用袖子抹乾臉上的淚水，才拉下被子伸出頭來。在昏暗的月光下，他看到住在隔壁房間，經常像大哥哥般照顧他的歐陽賡站在他的床邊。

「怎麼了？身體不舒服嗎？」大詹天佑兩歲的歐陽賡蹲在床頭關心的問，見詹天佑搖頭，又聽見他沉重的吸氣聲，便接著問：
「你哭了？……想家？」

「嗯。」詹天佑不想對關心他的歐陽賡說謊。

「我也想家。」因房裡還有其他幼童在睡覺，因此歐陽賡壓低聲音說：「剛開始我想家時，也是跟你一樣矇在被子裡哭，還因哭得太厲害，第二天上課時頭還昏昏的哩。」

「對！我也會這樣耶。」詹天佑還殘留淚水的眼睛頓時發亮，覺得遇到知音了。

「頭昏昏時，老師上課的內容我根本就聽不進去，只想收拾行李回家去，不想再待在這裡。一天夜裡，想家想得厲害的我真的這麼做了。可是，當我提著行李要走出房門時，曾篤恭大哥卻叫住了我。」

「啊——」詹天佑為好友捏了把冷汗，因為曾篤恭是他們這三十名幼童裡年紀最大的，十六歲的他常像個嚴厲的兄長般管教他們。而歐陽賡竟然連房門都還沒踏出就被他抓到，真是倒楣透

了。可是──

「你被他抓到，有沒有受罰呢？」

「他沒有罰我，只淡淡的問我說：『你學成歸國了嗎？』」

「我們連國都還沒出哩，如何『學成歸國』？」詹天佑不解的問。

「我也是這樣回答他。而他聽了又接著問我說：『你既然還沒能學成歸國，現在就要回去，將以何種顏面去見家鄉的親朋好友呢？更別說要離開香港前，你父親簽下將你交給朝廷、生死由命不可有怨尤的具結書，你要害你爹犯了欺君之罪嗎？你要害你的家人因你一時的怯弱而被滿門抄斬嗎？』」

「有那麼嚴重嗎？」也曾想過要偷跑回家的詹天佑嚇了一跳，怯怯的問。

見歐陽賡一點頭，詹天佑立

刻淚如雨下，因為他真的好想家呀！

「我那時聽了也跟你一樣，一直哭一直哭，而曾篤恭大哥只是靜靜的抱著我，不說一句話。直到我心裡平靜多了，他才開口說：『如果你就這麼偷跑回去，除了對不起家人外，還對不起一個人。』」

「誰？」詹天佑問。

「容閎大人。」

「為什麼？」詹天佑不解的問，因為他覺得容閎大人只是他們的主考官罷了。

「我聽了也與你有相同的疑問，所以曾篤恭大哥便跟我說起容閎大人的故事。」

「哦？」

「你聽過容閎大人是我國的第一個留學生嗎？」

詹天佑點點頭說：「聽我們家鄉的譚伯伯說過。」

「你覺得能成為我國第一個留學生的人，他的家境如何？」

「當然是很富有囉！」

「你現在也即將出國留學了，你的家境很富有嗎？」

詹天佑搖了搖頭，心中有所感悟。

「我從頭說起吧！容閎大人生於廣東省南屏鎮，因為那裡離澳門不遠，所以是中國較早受西方文化影響的地區之一。他六歲的時候，曾經跟著一個傳教士的妻子讀書，後來因學校停辦、父親過世、家境貧困而輟學。十二歲時，他進入澳門瑪禮遜教會學校讀書。在他十九歲那年，瑪禮遜教會學校校長布朗先生，因健康因素要回去美國，熱愛學生的他不忍學生學業中輟，便問全班誰想跟他到美國完成學業……」

「容閎大人就是這樣跟他去了美國的？」

　　歐陽賡點點頭，接著說：「到了美國，容閎大人刻苦求學，考上知名的耶魯大學＊。在耶魯大學最後一年時，他下定決心，要讓我國更多的年輕人可以跟他一樣，有接受西方教育、學習科技新知的機會，因為這樣，說不定我們的國家就能變得越來越富強，不再受到洋人的欺侮，那麼老百姓就能過好日子了。因此，二十六歲的他拿到耶魯大學的畢業證書後，就回國為他的理想奮鬥，可惜因為沒有當官，他根本沒有機會跟朝廷提這件事。後來經人推薦，擔任朝廷裡最有權勢、最有遠見的李鴻章大人、曾

放大鏡

＊耶魯大學　創建於 1701 年，位於美國波士頓和紐約之間的紐哈芬市中心，是美國著名的大學。在耶魯大學眾多精英中，有十三位學者曾榮獲諾貝爾獎，五位曾擔任美國總統，還有許多畢業生擔任過美國內閣閣員、大法官、大學校長等。耶魯大學也培養出一批傑出的中國留學生，如容閎、詹天佑、馬寅初（經濟學家）、晏陽初（教育家）等人。

國藩大人的翻譯時，他立刻把握機會，遊說他們上書，奏請朝廷派遣幼童出洋學習洋人的科技新知，但直到十多年後的今天，他的願望才實現。」

聰穎的詹天佑立即明白，他能參加「出洋留學生技術門」的招考，即是容閎大人鍥而不捨、辛苦努力的成果，不由得誠敬的說：「容閎大人的精神真是令人敬佩！」

歐陽賡贊同的說：「我也這麼覺得，因此，我決定向他學習。」

「我也要！」詹天佑立刻附和著說。

「我要像他一樣到美國念書！」

「我也要！」

「我要像他一樣考進耶魯大學！」

「我也要！」

「我要像他一樣回國報效國

家！」

「我也要！」

「那麼從現在開始，我們一想家，就拚命念書；一想家，就多運動鍛鍊身體。」

「咦，為什麼呢？」詹天佑不解的問。

歐陽賡解釋說：「有強健的體魄，我們才不會客死他鄉；有好的學業成績，我們才能早日學成歸國，報效國家，和我們的家人相見。」

「好！那麼從現在開始，我們一想家，就拚命念書多運動。」

雖然窗外依舊一片黑暗，但詹天佑和歐陽賡滿心覺得他們的未來充滿光明。

而不知何時就站在他們房外聆聽的容閎，聽到這兒，露出欣慰的笑容，轉身靜靜的回房。

7 成了「外國人」

一天早上，容閎集合了三十名幼童，並對大家說:「你們在這兒求學已經三個多月了，學習的情形還算不錯，所以最近我將先到美國，幫你們安排好要念的學校和要住的地方，大約需花一個月的時間。希望一個月後在美國見到你們，你們能比現在有更長足的進步。」

幼童們聽了覺得「美國行」越來越真實了，個個既緊張又興奮，既期待卻又無比的惶恐。

一個月後，在駐洋委員陳蘭彬的率領下，中國第一批官費留學生啟程前往美國。

出發前，三十名即將赴美的幼童穿戴整齊，在「輪船招商總局」前面拍團體照。看那叫照相機的方形木盒子，竟然只要「喀

嚓」一聲，就能將三十個人的影像傳神的「畫」在一張紙上，幼童們都覺得好新奇喔！於是，對學習洋人的科技新知也產生了更大的渴望。

當他們提著行李來到熙熙攘攘的港口，對眼前熱鬧繁華的景象覺得新鮮有趣時，突然抬頭一望，一艘巨大無比的大輪船無預警的映入眼簾，讓他們個個詫異得目瞪口呆，呆若木雞，連詹天佑也不例外。因為他雖然經常做輪船的模型，卻是第一次見到真的輪船，第一次感受到輪船的巨大。

隨後，他們一個個懷著無比敬畏的心，跟著陳蘭彬登上這個「龐然大物」。當雙腳真的踏上甲板時，他們還是覺得一切虛幻得不真實。

「你們在磨蹭些什麼？還不趕快將行李放進艙房裡！」

　　陳蘭彬大人的話，把這群置身在夢幻世界的幼童們給震醒了，他們立刻提著自身的行李，隨著工作人員到他們所分配到的艙房裡。

　　當他們放好行李，聽到起航的汽笛聲響起時，艙房外有人喊著：「走！快到甲板上去跟岸邊的親友揮別！」

　　他們也跟著上了甲板，倚靠著欄杆，跟著人群拚命的對岸邊送行的人揮手。

　　揮著揮著，詹天佑望著岸邊陌生的人群，突然意識到這一次遠行，沒有親人送別；這一次揮別故鄉，不知歸期何時。眼睛裡不知不覺中充滿了淚水。

　　當郵輪劃破水面，開出港口駛向浩瀚萬里的太平洋時，他不禁暗自低喃著：「別了！我的家人與故鄉！我們幾時才能再相見啊？」

這時，歐陽賡忽然拍了拍他的背，說：「走吧！我們去探險！」

「探險？」

詹天佑雖然覺得奇怪，還是抹乾淚水跟著歐陽賡跑。

首先，他們興致勃勃的研究著船上的鐵梁。

詹天佑望著一根一根大大小小、粗粗細細的鐵梁，由衷的讚嘆說：「發明鐵梁的人真是屬害！」

「嗯，因為有它連貫船的兩邊，才使得這艘船更加堅固。」

接著，他們小心翼翼的在船艙裡四處探索，終於找到使這艘巨大的輪船啟動的幕後功臣——各種機器和鍋爐。他們花更多時間在那兒觀察，直到被工作人員發現，才落荒而逃。

當他們滿足了好奇心，回到甲板上後，歐陽賡說：「科學浩瀚無窮，我們到了美國一定要用心學習！」

「我們一定要入寶山滿載而歸！」詹天佑下定決心說。

「對！」歐陽賡立刻附議。

過沒幾天，他們到了日本的橫濱港，然後在那兒換搭前往美國的大輪船。大輪船在驚濤駭浪中顛簸了一個多月，終於到了美國西岸的舊金山。

他們在舊金山下船，這是他們第一步踏到的美國土地，感覺很奇特。而和在中國最大的不同處，就是他們隨目所見的都是金髮、紅髮、棕髮、藍眼、碧眼、白皮膚的洋人，相較之下，他們感受到：在這兒他們才是「外國人」。

詹天佑張大眼睛四處張望，發現在接待人員中，找不到熟悉的身影，便小聲的問歐陽賡：「怎麼沒有看到容大人？」

歐陽賡搖搖頭，說：「我也不清楚。他比我們早一個月出發，

照理說應該早就到了，怎麼會沒見到他呢？該不會是出了……唉唷！誰打我的頭？」

歐陽廣搗著頭怒氣沖沖的轉過身來，看到是曾篤恭打他，一肚子氣頓時全都洩了，但仍忍不住問：「曾大哥，你為什麼打我？」

「要你別亂說話！」

「可是，真的沒有看到容大人啊？」

「那是因為他在美國東部康乃狄克州的赫德福城。」

「他到那裡做什麼？」

聽了歐陽廣的問題，曾篤恭真想狠狠罵他一頓，不過他還是忍住了，嘆口氣後反問：「你該知道我們來美國做什麼吧？」

「當然知道。就是讀書啊，學洋人們的科技新知呀！啊——你是說我們不是要在這兒念書，而是要去那……什麼康……什麼福的地方？」

「沒錯。不過，如果你們倆還在這兒磨蹭的話，我們不介意把你們留在這兒自生自滅。」

「我們很介意！」歐陽賡、詹天佑緊張的說。

「那還不趕快上車！」

歐陽賡和詹天佑這才發現，不知何時大家都上驛馬車了，怕被丟下的他們趕緊跟上。

他們一行人從美國西部的舊金山出發，沿途有火車搭火車，沒火車就搭驛馬車，遇到了大河就搭輪船，風塵僕僕的往東行。

一路上，他們目睹美國科學技術上的巨大成就，對機器、火車、輪船，以及電訊製造業的迅速發展大開眼界、讚嘆不已。可是，有些人看了，卻因而對中國的前途感到悲觀。他們紛紛洩氣的說：「洋人的科學技術是那麼厲害，可以說已經到了出神入化、爐火純青的地步了，難怪朝廷每

次跟他們打仗都會吃敗仗。唉！『技』不如人啊！連老天爺都幫不上忙。」

「是啊！洋人的科學技術那麼屬害、那麼強，我們要學到什麼時候才學得會、學得完啊？想到這些我頭就痛。」

「可是，如果學不會、學不完的話，我們就不能回國、不能回家了，那可該怎麼辦？」

「不能回家？那不就見不到爹娘了？嗚……嗚……嗚……」

原來是他們這群留學生中年紀最小、只有十歲的小弟弟，一聽到不能回家，立刻嗚嗚噎噎的哭了出來。

身為老大哥的曾篤恭見了，邊瞪著眾人邊摟著他的肩膀，安慰他說：「別擔心！他們只是胡扯的，因為無論洋人的科學技術再怎麼屬害，我們一定都能學得會的。」

　　「是啊！」歐陽賡認同的說：「如果不是懷著學習西方技藝的理想，我們何須辭別父母，告別故鄉，千里迢迢來到這遙遠的國度呢？因此，大家一定要打起精神來好好學習。」

　　此話說進詹天佑的心坎裡，立刻附和說：「沒錯！我們絕不可光長他人志氣，卻滅了自己的威風。我們一定要更努力學習，讓今後的中國也像美國一樣，有火車，有輪船，有各種便利的機器設備。」

　　他們三人的話激起了眾人的鬥志，大家齊聲說：「對！我們要為我們的國家努力奮鬥！」

「中國女孩子」

經過許多天的舟車勞頓，他們終於到達目的地——美國東部康乃狄克州的赫德福城。

見到了容閎，留學生們就像見到親人一樣，覺得既親切又安心。而提前一個月到達美國的容閎，也已經解決了這些留學生的住宿和就學問題。在住宿的安排上，他聽取了耶魯大學哈德萊教授以及康州教育廳長諾斯洛的意見，不讓留學生集中住在一起，而是將他們兩、三人分一組，分住在附近各地的美國人家裡，使他們能夠專心學習英語，習慣西方的生活方式。

當詹天佑和歐陽賡得知兩人被分在同一組時，高興得手拉著手又跳又叫的，使得也是同在一組的陳鉅溶看得有些不是滋味，

出聲問道：「我也跟你們倆同一組呢，你們不歡迎我啊？」

詹天佑和歐陽賡這才記起，與他們同一組的，還有這個比詹天佑大一歲、同是廣東人的陳鉅溶。兩人立刻很有默契的各搭陳鉅溶一邊的肩膀，友好的說：「當然歡迎囉！」

陳鉅溶這才露出笑容，接著問：「我們被安排住在哪個洋人的家啊？」

有點像包打聽的歐陽賡回答說：「一個姓諾索布的家庭。聽說諾索布先生，是我們即將就讀的紐哈芬海濱男子學校的校長喔！」

陳鉅溶立刻苦著一張臉說：「慘了！跟校長住在一起，我們豈不是每天不論上學、放學，都要被管得死死的。」

「可是，從另一個角度看，我們不論上學、放學，都有人可以指導我們功課，這樣不是很好

嗎？」詹天佑樂觀的說。

「只好這麼想了。」陳鉅溶無奈的說。

住進諾索布家沒多久，詹天佑等三人就發現諾索布一家人都很好相處，尤其是諾索布夫人對他們這些異鄉遊子更是慈愛，常常噓寒問暖、關心他們的學業，很快的，他們便放下一顆寄人籬下、忐忑不安的心了。但，他們的學校生活可沒這麼順利。

這些留學生是懷著興奮恐懼的心情踏入新學校的，因為除了剛到一個新環境不大適應外，還因他們大多只在上海預備學堂上過四個月的洋文，聽、說、讀、寫都不是很流利，因此，剛到學校時，他們簡直像是聾啞學生一樣，既聽不懂洋人老師上課的內容，也無法用洋文提出自己的疑問。萬不得已時，只好比手畫腳的來向老師、同學表達簡單的意

思，卻又常常因意思表達不清，弄得誤會百出，尷尬不已。

最初幾天，留學生們覺得很難堪，所以，上學的心情起起伏伏的。可是，因為置身在洋人的國家中，幾乎隨時隨地都在聽洋文，練習講洋文，所以漸漸的，他們越來越能聽懂老師的講課內容，也越來越覺得眼前的一切都新鮮有趣，而強烈的求知欲更使得他們努力學習各門功課，因此成績漸有起色。

第二年，詹天佑和一些學習能力較好的留學生，正式進入紐哈芬海濱男子學校讀書，而這所學校最大的任務就是教導來自中國及南美洲等國的少年，讓他們學好英文和美國習俗。可是，為了讓留學生不忘本，正監督陳蘭彬大人要他們放學後一律到「監督處」讀中文。

一天放學時，歐陽賡拉著詹

天佑說：「我們趕快到『監督處』去吧！聽說我國第二批留學生今天會到，我們早點過去，說不定可以找到同鄉問問家鄉的情形。」

一聽到有機會可以打聽家鄉的消息，詹天佑立即加快腳步，邊跑邊問：「他們的人數跟我們的一樣嗎？」

「嗯，一樣是三十個人，是由黃平甫大人帶領的。」

「不知道那些美國同學，會不會也叫這批新來的留學生『中國女孩子』？」詹天佑邊回想邊笑著說，因為，去年他們剛到美國時，大部分的人年紀尚小，清秀稚氣的臉龐，配著腦後長長的辮子，加上穿著寬寬的長袍馬褂，使得許多第一次見到他們的美國人，誤以為他們是女孩子，因此稱他們為「中國女孩子」。

「難說喔！雖然許多美國人後來弄清楚我們是男不是女，還

是喜歡用『中國女孩子』的稱呼來逗我們。」

「說不定這批新留學生過沒多久，就像我們一些同學一樣，脫掉屬於中國的長袍馬褂，換上美國人的長褲運動服，甚至於還將辮子剪掉。」其實詹天佑也想效法，只是還沒付諸行動。

「這是早晚的事罷了！我們總得『入境隨俗』吧！」

「可是陳蘭彬大人對這事很生氣。」

「陳蘭彬大人生氣的事情又何止這件！連我們打棒球、踢足球、騎腳踏車等正常的體育活動他都反對，說我們這樣會成為『假洋鬼子』，會數典忘祖，要不是容閎大人站在我們這邊幫我們說話，我們早就什麼事都不能做了。」想到這兒，歐陽賡更覺得忿忿不平，生氣的說：「如果只要跟洋人的事物沾上邊我們就不能

做的話，那乾脆留在中國就好了，還來美國留學做什麼？唉！真搞不清楚朝廷怎麼派這麼守舊的人來當我們的監督！」

「別再氣了！『監督處』到了，我們趕快去找找看有沒有同鄉吧！」

不一會兒，他們就找到好幾個來自廣東的同鄉了，聽著他們談論著故鄉的種種，終於能稍稍解了他們的思鄉之苦。

其實，看到這批剛從中國來到美國的留學生，無論是不是同鄉，詹天佑都有無比的親切感，因為看到他們就像看到去年初來乍到美國的自己，沒想到時間過得真快，他到美國已經快要一年了。

回想到美國的這段時間以來，詹天佑心中有無限的感觸。因為離鄉背井的緣故，這一年中他獨立許多，也成長許多。他暗

自下定決心，在往後的日子裡，他一定要更加認真求學，除了當這些小學弟的楷模外，更希望能早日學成歸國，榮歸故鄉，見到日夜思念的爹娘。為了達成這個心願，他絕對全力以赴，永不懈怠。

進耶魯大學

詹天佑竭誠遵守學校的紀律，對於各種學科沒有不勤奮學習的，所以成績很好。當他從紐哈芬海濱男子學校畢業後，考進了紐哈芬希爾豪斯高中就讀。三年後，詹天佑十七歲時，以班上第一名、全校第二名的優異成績從希爾豪斯高中畢業。

看了他的成績單，諾索布夫人說：「你的數學、物理挺不錯的，相當適合念理工科，你何不去耶魯大學報考看看！」

耶魯大學坐落在美國波士頓和紐約之間的紐哈芬市中心，是美國非常有名的一所大學，更是詹天佑心儀已久的學校，因為，自從他得知容閎大人的故事以來，便想追隨他的腳步成為耶魯大學的學生，只是他擔心自己的

能力不足，無法如願。如今有了諾索布夫人的鼓勵，他當然勇敢嘗試，沒想到真的讓他考上耶魯大學的土木工程系。

土木工程分為房屋、道路、鐵道、隧道、橋梁、河港和市政等專門科目。領略過美國交通運輸便利的詹天佑，想把火車鐵軌鋪放在中國的土地上，讓所有中國人都能享受到方便的運輸，使中國得以朝向進步國家邁進，因此他決心專攻鐵路工程。

巧的是，他的好朋友歐陽賡也一起考上耶魯大學，兩人再度成為同學，友誼當然更加深厚。

讀土木工程對詹天佑來說，如魚得水，因為這不但是他的興趣、專長，更是他的志向所在，所以他花了許多時間勤奮向學，深入研究，也因此，他所設計的工程圖，常常獲得教授們的誇獎與讚賞。

　　除此之外，他的數學成績更是優異，所以在大學二年級時，獲得「數學成績優異獎」。這是耶魯大學第一次將此獎頒給中國學生，所以意義非凡，不但激勵了詹天佑本人，讓他再接再厲，也振奮了所有的中國留學生，更讓美國學生們對這些「中國女孩子」刮目相看。

　　得到這麼高的榮譽，詹天佑當然開心，只是無法將這份榮譽和遠在地球另一端的家人分享，讓他有些落寞。

　　這日，躺在如茵的草地上，望著校園中一座座以巨大石塊砌成，尖頂直直刺向藍天的鐘樓、高塔，詹天佑幽幽的想著:「爹娘的身體還硬朗嗎？弟弟、妹妹們應該長高了吧？譚伯伯是否爽朗依舊呢？而菊珍……現在變得怎麼樣了呢？她還記得我嗎？」

　　沒想到當年匆匆一別，過了

這麼多年還無法和親友相見。如果現在每年還有留學生來的話，他就可以跟他們打聽到家鄉的訊息；只可惜，在光緒元年（1875年）後，朝廷就不再派留學生到美國了，而這都要怪吳子登大人。

吳子登大人一向是反對派學生留洋的，因此詹天佑實在不明白，為何在陳蘭彬大人調任駐美公使後，朝廷會派遣他來接任正監督，管理留學事務呢？難怪會鬧出那麼多不愉快的事情來。

翰林出身的吳子登大人，剛到美國就任時，就因為他們這些留學生謁見時，沒有行跪拜禮而勃然大怒。後來還因管教問題，和作風開明的容閎大人起了無數次衝突。在制止不了他們這些留學生越來越多人剪辮子、穿洋服、信基督教、進洋人教堂等行為時，他便和陳蘭彬大人一起上奏朝廷，說他們這些留洋的學

生，不讀聖賢書，品德不好，沾染許多洋人的惡習，快成為「假洋鬼子」了，如果能盡速解散「出洋局」，早日撤回全部留洋學生，便是國家的福氣。在他們一再上奏之下，朝廷果真不再派留學生到美國了。

得知這個消息後，容閎大人氣得口不擇言的說:「這種性情怪僻迂腐的人，早該丟到瘋人院去了!」

可是對於這樣的結果，吳子登大人和陳蘭彬大人竟然還不滿意，仍然繼續上奏，似乎非弄得朝廷把他們這些留學生全部撤回不可。詹天佑還真怕哪天朝廷又採用了他們的意見，把他們通通召回去。唉!連容閎大人都奈何不了他們，更何況他們這些無權無勢的學生呢?就算他們氣得胸口都快炸了，卻只能隱忍，不能表達出來。

其實，詹天佑也渴望能早日見到家人，只是，學業未成，哪裡有顏面回去見鄉親父老呢？

這時，不遠處傳來哈克尼斯塔悠揚的鐘聲，和小教堂管風琴的合鳴，這耶魯大學的象徵，在紐哈芬的上空縈繞迴旋，也在詹天佑的耳畔迴響。莊嚴肅穆、充滿祥和氣息的樂音，讓詹天佑煩躁的心情沉澱了下來，景仰之情隨之在心頭升起，他暗下決定：

「不管未來朝廷的決定如何，從現在起，我都要珍惜在美國的每一分、每一秒，好好學習洋人的長處，日後回國時，才能盡我所能的報效國家，造福社會。」

下定決心後，詹天佑便努力不懈的去實踐。因此，大學三年級時，他又再一次獲得「數學成績優異獎」。可是，他不因優秀的表現而驕傲自大、輕忽懈怠，仍然繼續朝著自己的目標努力前

進。

　　光緒七年五月，二十歲的詹天佑，以〈碼頭起重機的研究〉這篇論文從耶魯大學畢業，獲得土木工程學士學位，完成了他的第一個目標。

10　匆促回國

　　雖然詹天佑已經拿到學士學位，卻不以此自滿，因為見識過美國各項先進建設的他，覺得自己的學識仍然不夠，因此決定考進耶魯大學的研究所就讀，繼續深造，以追求更高深的學問。

　　這天，當詹天佑在房裡全心全意準備研究所入學考時，卻被急促的敲門聲給打斷。

　　他一打開門，門外的歐陽賡便邊拉著他往外走，邊急急解釋說：「快！容閎大人要全部留學生到監督處集合，說有重要的事情要宣布。」

　　詹天佑一聽，心中立刻有不祥的預感。

　　他們到了監督處時，許多留學生已經陸續到達。

　　見留學生已經到了差不多，

　　容閎才踩著沉重的步伐上臺，無奈的宣布說：「朝廷採納了吳子登大人的意見，下令全部留學生回國。」

　　「啊！」留學生們全場譁然，震驚不已。

　　驚訝過後，他們紛紛表達意見：「我們大學還沒畢業，怎麼回去？」

　　「對呀！我們的學業還沒完成，怎麼回去見家鄉父老？」

　　「我們才正要準備參加大學的入學考試，連大學都還沒進去哩！」

　　「當初不是說出國念書，期限是十五年嗎？現在怎麼……」

　　容閎舉起手要全場安靜，然後說：「對於朝廷這項決定，我也和各位一樣感到震驚和難過。當初我的計畫，的確是要各位出洋留學至少十五年，但計畫總趕不上變化，因為，朝廷的命令是不

容違抗的，這點大家應該都明白吧！」

容閎嘆口氣，看了全場每位學生一眼後，接著說：「朝廷要我們即刻啟程回國，所以各位還是趕緊回去收拾行李吧！」

雖然留學生們心裡仍然為此不平，卻知道此刻說再多也沒有用。因此，一個個像消了氣的氣球一樣，無精打采的回去收拾行李。

光緒七年七月，容閎率領教職員和四批學生，離開美國東岸的赫德福，風塵僕僕的到美國西岸的舊金山，等待船班回中國。一路上，大家的情緒都十分消沉，想到當初剛到美國時的雄心壯志，現在不免有「壯志未酬身先死」的感覺。

在看到沿路美國各項建設更加進步後，詹天佑不禁感嘆說：「當初，剛到美國時，我們還在

煩惱洋人的科學技術那麼厲害、那麼強，我們要學到什麼時候才學得會、學得完；沒想到現在才學到皮毛而已，朝廷就要我們回去。唉！」

「你別嘆氣了，在我們一百多名留學生中，你和歐陽賡兩個人的際遇算是最好了。畢竟你們已經拿到學士學位，學習算告一段落了。不像我們，大學只念了一半，而我們這輩子，是絕不可能再千里迢迢的來這裡繼續完成學業了……」

梁敦彥無限失落的說，他的話正是眾多留學生們的心聲。因為，在一百多名留學生中，只有歐陽賡和詹天佑兩人大學畢業，其他六十多人還在大學裡讀書，剩餘的根本連大學都還沒進去。

「這都要怪朝廷那些狂妄無知的人，要不是他們……」一個留學生氣憤的說，但他話還沒說

完，就被曾篤恭給打斷。

「別亂說話！你想被滿門抄斬啊？」

這些在美國呼吸民主氣息久了、自由慣了的留學生，終於記起中國仍是帝權國家，隨意批評朝廷是會被砍頭的，甚至還會連累家人。想到這裡，大家更加灰心喪志，氣悶難耐。

不過，有大哥風範的曾篤恭立刻鼓舞大家說：「雖然我們入寶山沒有滿載而歸，卻也不再是沒見過世面的鄉下孩童了。所以，我們仍能將我們在美國所學到的新知識、新思想帶回祖國，造福社會。」

一向樂觀的歐陽賡贊同的說：「曾大哥說的沒有錯，雖然我們大部分的人學業尚未完成，但這幾年留學的經歷，讓我們比起國內大部分的人，在見識和學識上都要多得多，只要我們發揮所

長，報效朝廷，一定能使我們的國家更富強，讓列強不敢再欺負我們。」

這些話重新燃起了眾人的鬥志，大家有志一同的說：「好！我們就朝這個目標邁進！回國後，一定要發揮所長，報效朝廷，使中國更富強，讓列強不敢再欺負我們！」

11 所用非所學

　　得知詹天佑這個「洋翰林」回國，家人燃放鞭炮迎接，街坊鄰居、親朋好友也紛紛上門來祝賀。因此，詹天佑是在鞭炮劈哩啪啦聲中，在街坊親友的賀喜聲中，在這歡天喜地的氣氛中，回到家鄉，見到他魂縈夢牽的爹娘和家人的。

　　八年了！離開家鄉已經八年了！看到思念已久的爹娘，詹天佑內心激動不已，淚水在眼眶裡直打轉。忽然，他「咚」的一聲雙膝齊跪，說：「爹，娘，孩兒回來了！」

　　詹天佑的爹娘立刻上前扶起詹天佑，說：「平安回來就好！平安回來就好！」望著兒子已由昔日的小男孩，長成現在頂天立地的男子漢，詹天佑的爹娘心中感到

無限欣慰。

當夜幕低垂，祝賀的人潮漸漸散去後，詹興洪才對兒子提出心中的疑問：「你不是說，在美國學習有關鐵路的土木工程，還拿到什麼學士學位嗎？為什麼朝廷不讓你發揮所長，派你去修築鐵路，反而派你到福州船政局的水師（海軍）學堂，去學習駕駛海船呢？」

說到這個，詹天佑的神色不禁一暗，說：「在美國時，我早就決定回國後，要將所學到的本領貢獻給祖國的鐵路事業。但是，朝廷洋務派的官員卻迷信洋人的技術比較好，在修築鐵路時還是習慣依靠洋人，蔑視我們這些留學生在美國所學到的專長，所以我和其他十五名留學生都被派去福州船政局重新學習。」

回國後沒多久，這些留學生的雄心壯志再次被澆熄，澆熄他

們的不是別人，仍然是他們一心想要報效的朝廷。因為這個時候的中國，已經混亂到不可收拾的地步。政府官員貪汙、腐化、官商勾結、排擠同僚的種種惡行惡狀，完全暴露無疑，使得想要有所作為的人無法施展抱負。對於這樣的情形，詹天佑雖然感到氣憤，卻也只能無奈的接受。

詹興洪知道此事既然是朝廷決定的，就沒法子改了，便提起另外一件重要的事：「明天去拜訪你譚伯伯，看看菊珍。你不在家的這幾年，菊珍常來探望我們兩老，幫你盡孝道，真是個難得的好姑娘。現在，你雖然回來了，但是待沒幾天就又要去福建，一去又不知道哪時候才能回來。看來，你們倆的婚事近期內是沒法子辦了。」

詹天佑點點頭，想起白天時菊珍跟著譚伯伯來家裡道賀的情

景，心裡有絲絲甜意。對於耽誤菊珍這麼久，讓她成為讓人說閒話的老姑娘一事，他也十分過意不去。可是，才剛回國的他，一切尚未穩定，根本就無法談論婚事，只能請求她繼續包容了。

第二天，詹天佑跟著父親到譚家拜訪。在談了一些他在美國的見聞後，長輩們就藉故離開，讓他們年輕人有機會獨處。

面對已亭亭玉立的譚菊珍，詹天佑感到既熟悉又陌生，害羞得不知道該做什麼，只能傻愣愣的端坐著。正當他不知道該說些什麼，好打破這尷尬的僵局時，卻聽到菊珍說：「你真該跟我爹湊成一對。」

「啊？」詹天佑呆呆的瞪視著菊珍，不知道她為何說出這樣的話。

見他這副拙樣，惹得菊珍噗哧一笑，解釋說：「你跟我爹有那

麼多話題可以聊，跟我卻無話可
說……」

「不是這樣的，我只是不知
道該跟妳談些什麼。」

「你想說什麼就說什麼啊！」

「喔？可是，我不知道該聊
些什麼才是妳喜歡聽的。」詹天佑
紅著臉說，雖然他們早有婚約，
但久別重聚，他卻不知道該跟她
聊些什麼。

「什麼事都可以聊啊！比如
說，你在美國求學的事，我就很
喜歡聽啊。」

「妳喜歡聽我在美國求學的
事？」

「我還想去呢！只可惜朝廷
不讓女子應試。」譚菊珍嘟著嘴
說。

詹天佑詫異的睜大眼睛，他
沒想到菊珍有這麼新潮的想法。
但轉念一想，有譚伯伯這樣喜歡
接觸新潮事物的父親，難怪菊珍

的見識會比一般的中國傳統婦女寬廣。想到這樣見多識廣的奇特女子，將是他的終生伴侶，他忍不住開心的笑了。

他們聊了許多，聊留學生活的點點滴滴，聊家鄉這幾年發生的種種變化，更聊他們對未來的理想抱負。打開話匣子，兩人除了尋回童年時的熟悉感外，更有一份認同彼此的歸宿感產生。

不過說到未來，詹天佑滿懷歉意的說：「我很想早日迎娶妳進門，但這一去福建，不知道哪時候才可以回來，所以……」

譚菊珍搖搖頭，說：「你儘管去施展你的理想與抱負，不用擔心我，只是……別忘了要常寫信給我喔！」

「我一定會常寫信給妳，但妳也要回信給我喔！」

「沒問題，我們一言為定！」

有了譚菊珍的體諒與支持，

詹天佑更無後顧之憂的朝理想努力。

雖然詹天佑曾對被派去福州水師學堂，學習駕駛輪船一事感到氣憤，但轉念一想，覺得多學一項技能也不錯，便用心的跟英國教官泰勒學習駕駛的技術。因此，才一年的時間，他便完成兩年半的課程，以第一名的優異成績畢業，獲得船政大臣召見。

船政大臣對詹天佑說：「你年輕有為，值得嘉獎，所以，皇上封你五品官。你到揚威軍艦就任後，要繼續認真努力，報效朝廷。」

「是。」

詹天佑雖然對自己的才識能力逐漸受到賞識，而感到高興，但他的志向並不是當一名海軍軍官，而是想替國家修築鐵路，尤其在聽說開平礦物局的工程師金達，利用開礦機器的舊鍋爐做成

小機車，行駛在唐山、胥各莊之間，更是羨慕不已，恨不得自己也有此機會。他寫信將此事告訴譚菊珍，譚菊珍回信說：「不用心急，你早晚會有機會在這方面施展抱負的。加油！」

有了譚菊珍的鼓勵，詹天佑定下心來，在工作崗位上繼續努力。

第二年，詹天佑被調回水師學堂當老師，負責教學生洋文和駕駛。但由於他的能力好、技術高，所以十一月又派他到馬尾的「揚武號」軍艦＊擔任駕駛官，指揮操練，不過仍兼任水師學堂的老師。

放大鏡

＊揚武號軍艦　是艘砲船巡洋艦，福州船政局所建造的第七號艦，木質船身無裝甲，長 190 呎，寬 36 呎，艙深 21 呎，吃水 17.9 呎；可載 147 人，裝備 13 門英國製前膛砲，裝有三節可伸縮式煙囪，可以躲避敵人的砲彈攻擊。造價 25 萬 4 千兩，是福州船政局早年所建軍艦中，最耗工費料、成本最高的一艘，也是中國第一艘巡洋艦。

光緒九年，中法戰爭爆發。隔年，蓄謀已久的法國艦隊陸續進入閩江＊，蠢蠢欲動。可是，主管福建水師的船政大臣何如璋卻不聞不問，甚至下令說：「不准先開砲，違反命令的人就算打贏了，也要斬頭。」

這樣的命令讓詹天佑憂心忡忡，私下對「揚武號」艦長張成說：「法國軍艦來了這麼多，居心叵測，雖然我們接到命令不可先行開砲，但我們絕對不能不先行防備。」

他還跟艦上的同志——留美同學黃季良、吳其藻、薛有福等人商量作戰計畫，受過西方教育的他們，實在無法贊同長官坐以待斃的作法，只好自力救濟了。

由於詹天佑的告誡，「揚武

放大鏡

＊閩江　是福建省境內的最大河流，因此福建簡稱「閩」，馬尾是閩江入海處的最大港口。

號」十分警戒，已經做好了戰鬥的準備。當法國艦隊突然發動攻擊，偷襲馬尾港和船廠時，詹天佑冒著猛烈的砲火，沉著機智的指揮「揚武號」左躲右閃，避開敵方砲火，然後抓住機會用尾砲擊中法國指揮艦「伏爾他號」，使法國海軍遠征司令孤拔險些喪命。

「耶！擊中了！擊中了！」在砲火沖天，煙霧瀰漫中，「揚武號」上響起一片雷動的歡欣聲，士氣受到了無比的鼓舞。

不過，法國艦隊畢竟不是省油的燈，沒有多久，「揚武號」就被射中而著火。看到船艦起火，詹天佑十分痛心疾首，他想不通中國模仿西方製造戰船，為何不造鐵甲船，而要造落後的大木船呢？

「著火了，快撤退！」艦上有人大喊。

許多人看到軍艦著火，紛紛跳進海裡游泳逃生。吳其藻、黃季良要跳下海時，看到詹天佑的眼睛雖然被濃煙嗆得淚水直流，卻仍不顧自己的生命安全，繼續向敵艦開砲，他們非常敬佩他這種大無畏的精神，便留下來與他並肩作戰。

當艦上火勢越來越猛烈，管帶官便下令部下趕快離開艦艇，但詹天佑仍不想走，他想堅守崗位到最後。

「天佑，走了！再不走就來不及了！」吳其藻拉著他說。

黃季良也勸他說：「天佑，『留得青山在，不怕沒柴燒』，就算不為朝廷，也要為你的家人珍重你自己吧！」

這話點醒了詹天佑，在炙熱的烈焰中，他環視整個海域，發現不到一個時辰，福建水師的十一艘軍艦、十九艘運輸船已成火

海，幾乎全部灰飛煙滅，馬尾船廠也同時被轟毀，大勢已去，不是他個人所能挽救的，便聽從黃季良、吳其藻的勸，跳海逃生。

12 有情人成眷屬

對於這場中法海戰，詹天佑表現得最鎮定、最勇敢，結果一傳十、十傳百，不只海軍官兵知道，連許多手握大權的官員也曉得，甚至上海英國商人所創辦的《字林西報》，也在報導中驚訝的說：「西方人士料想不到中國人會這麼勇敢力戰，『揚武號』軍艦上的七位留學生中，以詹天佑的表現最為勇敢，他臨大敵而毫無懼色，並且在生死存亡的緊要關頭，還能鎮定如常，鼓足勇氣在水中救起許多人……」

雖然中法戰爭讓詹天佑聲名大噪，才華受到肯定，但詹天佑並不覺得開心，因為戰爭之後，朝廷大臣李鴻章竟然跟法國公使簽訂喪權辱國的「中法條約」*，讓這些和詹天佑一樣，拼命護衛

113

國家人民的將士們，士氣大受打擊。

不過，由於詹天佑聲名大噪，所以過沒多久，被兩廣總督張之洞聘為廣東博學館教習（教授），兼任廣東海圖水師學堂教習。對詹天佑來說，廣東可說是他的第二個故鄉，加上這兒離家鄉近，可以常常抽空回去探望父母、譚伯伯和菊珍，因此他很樂意接受這份工作。

第二年，張之洞對詹天佑更加器重，請他兼任測量、繪製廣東沿海形勢圖的工作。詹天佑知道沿海形勢圖的繪製是件重要的

放大鏡

＊中法條約 其實在馬尾船廠被轟毀之前，曾有人建議清廷增兵援助，或者阻塞閩江，阻止法國戰船進入。但這些建議都沒有被清廷接納，以致被法軍乘虛而入，一舉擊敗。當時的情況是，中國海軍雖然輸了，但法國的海軍也沒有力量多占中國一分土地；而在陸軍方面，中國的馮子材在諒山擊敗法軍大獲全勝，使得法國內閣總理引咎辭職。但中國卻派大臣李鴻章跟法國公使簽訂喪權辱國的「中法條約」，使中國的藩屬國越南成為法國的殖民地，此顯示出清廷的腐敗和愚昧。

工作，便全力以赴，終於在光緒十二年完成。

看了詹天佑所繪製的沿海形勢圖，張之洞更確定詹天佑的才學和做事態度，對他讚賞有加。得到長官的稱讚，詹天佑當然開心，但卻比不上聽到唐胥鐵路延長到蘆台的消息令他興奮，躍躍欲試的他，恨不得能立刻插翅飛到北方，貢獻他的所學，可惜苦無機會。

有一天，一向勤奮的詹天佑竟然向張之洞請幾天假，讓張之洞相當詫異。本以為是他家裡發生什麼重大事情，可是看他紅光滿面、喜上眉梢的模樣，應該不是壞事，便問起他請假的原因。

詹天佑聽了傻笑的抓著頭，不好意思的說：「其實也不是什麼大事啦！只是……我要成親了。」

「你終於要成親了！這可是天大的喜事啊！」張之洞撫著長長

的鬍鬚笑著說，因為勤樸認真、才學受到肯定的詹天佑，可是許多官宦人家心目中的乘龍快婿，託他說媒的人可多著呢！要不是因為詹天佑說已有青梅竹馬的未婚妻，且沒有納妾的打算，他早就可以喝到他的喜酒了。不過，雖然早已知道詹天佑的心意，張之洞卻仍明知故問：「新娘子是那位和你有婚約的青梅竹馬，還是換人了？」

「當然是她，怎麼可能換人呢？」詹天佑急急聲明，不過一看到張之洞促狹的眼神後，才恍然大悟，知道他是在逗他的，便又傻愣愣的笑了。

「年紀老大不小的你*，終於要成親了，你們有情人終成眷屬，卻連杯喜酒也捨不得請我

放大鏡 ＊以前的人大部分在二十歲以前都已成親，詹天佑在二十六、七歲才結婚，算是晚婚了。

喝，真是小氣啊！」

「我一直想請總督參加我們的喜宴，只是不好意思開口。」

「真的？」

「當然是真的。如果總督不嫌棄，我們還想請總督擔任我們的證婚人呢！」

「那有什麼問題！我們就這麼一言為定。」張之洞大方答應。

詹天佑的婚禮是光緒十三年三月二十七日在廣州城舉行的，由兩廣總督張之洞福證，冠蓋雲集，盛況空前。雖然在廣東無法讓詹天佑一展所學，卻讓他有機會迎娶青梅竹馬的未婚妻譚菊珍進門，也算是了了人生中的一椿大事。

新婚之夜，詹天佑拿著秤尺掀起喜帕，看到譚菊珍嬌美的模樣，由衷稱讚說：「妳真是世界上最美麗的新娘！」

詹天佑的話讓譚菊珍不禁紅

了臉，雖然心裡甜滋滋的，卻仍低頭說：「你今天是糖吃多了啊，嘴巴這麼甜？」

「才不是呢！我只是實話實說。雖然有人說『情人眼裡出西施』，但妳真的是我所見過的新娘中，最漂亮的一個。」

聽了詹天佑的話，譚菊珍感到無限甜蜜，心花朵朵開。

詹天佑一邊貼心的幫譚菊珍拿下沉重的鳳冠＊，一邊閒聊著說：「今天是我們的大喜之日，可是昨天晚上，我卻夢見我被朝廷派到北方去修建鐵路。」

講這話是存心要她吃醋嗎？譚菊珍睜著大眼望著他，心裡揣測著。不過，聰明的她，才不會笨笨的跟他茲茲念念的志願吃醋

放大鏡

＊**鳳冠**　是古時候婦女結婚時所戴的帽子，上面常用鳳凰裝飾，所以稱為鳳冠。上面還綴滿裝飾用的珠寶，所以非常的重。

呢！

「你呀，真是日有所思，夜有所夢。」

「可是夢裡的感覺卻十分真實耶！尤其是夢見我要遠行時，妳流著眼淚，緊緊的拉著我的衣服，說什麼也不肯讓我走，使得我的腳步也因此沉重得邁不出去。」

譚菊珍看詹天佑別有深意的望著她，不禁噗哧一笑說：「你放心，我才不會哭哭啼啼的拉住你呢！」

「真的？」詹天佑挑著眉不信的問。

「當然是真的，因為啊，我會跟你一起去，陪你在中國各地修建鐵路，陪你一起完成心願。」譚菊珍早就知道，為中國修建鐵路是詹天佑最大的心願，她決定支持他，在往後的歲月中陪他共同走過。

　　詹天佑聽了好感動，忍不住激動的說:「菊珍，謝謝妳，妳真是我的賢內助。期望在妳的支持下，我的夢想能早日實現。」

　　「會的，你的夢想一定會實現的!」

13 嶄露頭角——灤河鐵橋

　　雖然成親不到一年，但在詹天佑長期的薰陶下，譚菊珍對國內的鐵路修築情形可說是十分了解。

　　她知道在詹天佑回國那年，為了開採唐山煤礦供天津機械局（兵工廠）使用，直隸總督兼北洋大臣李鴻章，派人修築了唐山到胥各莊間大約九公里的礦區鐵路。這是中國修築鐵路的真正開始，應該是一件非常具有歷史意義的事，不過，一些皇親國戚卻以火車經過會「震動山陵（指東陵）」為由，只准用騾馬拖車前進，不准延長修築鐵路。這事詹天佑當笑話說給她聽，但激動的語氣卻難掩他忿忿不平的情緒。在洋派大臣多次溝通下，第二年朝廷終於同意改用機車牽引，得

知這個消息後，詹天佑的心情才好些。

　　雖然在光緒七年，中國鐵路已經真正開始修築了，但鐵路畢竟是洋人的東西，因此常成為保守的中國人攻擊的對象，所以中國境內興建的鐵路並不多。直到中法戰爭失敗後，朝廷才發現鐵路的修築，不但利於往來交通、貨物經商，更有利於國防，才在光緒十三年，同意將唐胥鐵路延長到蘆台，並為此設立了「開平鐵路公司」，獨立經營鐵路。

　　同年二月，當鐵路修築到蘆台時，為了讓鐵路發揮更大的效用，再次將鐵路延長到天津，還將「開平鐵路公司」擴大改組為「津沽鐵路公司」，由伍廷芳擔任總理，負責財務，英國人金達擔任總工程師。

　　國內的鐵路事業雖然日漸蓬勃發展，可是因為中國最初的鐵

路，都是依靠外國人建造的，因此朝廷比較信賴外國人的技術，所以像詹天佑這種學有專精的專業人才，反而被「晾」在一旁。對於這種情形，詹天佑除了無奈，還是無奈。看詹天佑像隻被禁錮的大鵬鳥，鬱鬱寡歡的被局限在非他志趣所在的領域裡，譚菊珍常為他心疼不已。

幸虧皇天不負苦心人，在津沽鐵路急需用人之際，詹天佑經由在開平煤礦任職的留美同學鄺孫謀的推薦，進入了「津沽鐵路公司」擔任工程師，開始了他三十多年的鐵路建設生涯。

雖然詹天佑回國後，朝廷一直讓他所用非所學，浪費了他七年的時間，詹天佑卻仍十分珍惜這個可以施展他平生學問抱負的機會。譚菊珍本來要陪同詹天佑到天津任職的，後來發現懷有身孕，不適合南北奔波，才打消這

個念頭。不過離別前夕，兩人離情依依，千言萬語訴不盡，只能再三叮嚀彼此珍重：「你這次遠赴天津，工作再忙，也要記得三餐要按時吃喔！」

「妳不用為我操心，更遠的美國我都去過了，天津算得了什麼。倒是妳，現在有喜了，更要好好保重！」

「我在家裡有公婆照顧，好得很呢！你就甭操心了。」

詹天佑知道她說的是反話，心裡萬分感動，說：「日後，要麻煩妳幫我向爹娘盡孝道了。」

「我會的，你不用操心。倒是你，要常寫信回來喔！」

「嗯。別太掛念我，只要一有空，我就會趕回來看你們。」

第二天一早，詹天佑揮別了依依不捨的家人，出發到天津就任。

一進「津沽鐵路公司」，詹

天佑便立即投入津沽鐵路的築路工程。

雖然在總工程師金達的底下做事，對詹天佑的學識、經驗都有很大的幫助，可是他對未來有更高的期許，常常一邊工作一邊暗自想：「希望有一天，修築鐵路的工作，可以完全由中國人自己來完成。」

當詹天佑聽到金達要他負責塘沽到天津的築路工作時，非常興奮，所以雖然這段路的工程艱辛，他仍全心投入，精心設計，終於克服困難，以高標的水準完成路基、道床的修建，而且前後只用了七十九天，就完成塘沽到天津的鋪軌任務。

當李鴻章到天津主持通車儀式時，除了讚賞金達領導有方之外，還特地誇獎詹天佑說：「詹大人真是年輕有為啊！看不出是第一次負責鐵路工程。」

　　努力的成果能得到長官的肯定與稱讚，詹天佑心裡有說不出的開心，恨不得能將滿心的喜悅與家人分享。幸虧工作剛好告一段落，可以讓他返鄉探親。

　　回到家鄉沒多久，他的第一個兒子就誕生了，全家人都很開心，為他取名文琉。可是，才過了一星期，詹天佑便再次告別家人，返回他「事業的故鄉」——天津，繼續從事鐵路的修築工作。

　　光緒十六年，滿二十九歲的詹天佑負責唐山段展築工程，這次因有李鴻章等大臣的支持，所以朝廷才撥下充裕的修築經費。為了把握這個難得的機會，讓鐵路的修築工作能早日順利完成，詹天佑全心投入工作中。因此，在譚菊珍懷第二胎後，一直到第二個孩子滿月了，他才有時間再抽空回家一趟。

　　當他手抱著剛滿月不久的女兒時，高興的對妻子譚菊珍說：「我們現在可是有兒有女萬事足了。」

　　譚菊珍心有同感的點點頭。可是，已經兩歲的詹文珖卻覺得被冷落了，立刻緊拉著詹天佑的衣角，撒嬌說：「爹，抱抱！」

　　詹天佑將女兒交給妻子，開心的抱起兒子說：「哇！小珖珖長壯了喔！」

　　「我也有長高高喔！」詹文珖得意的強調說。

　　詹天佑認真的打量兒子後，說：「小珖珖真的長高了呢！真是太棒了，爹決定送你一個禮物。告訴爹，你要什麼樣的禮物啊？」

　　「我要火車！」

　　「小珖珖為什麼會想要火車呢？」詹天佑詫異的問。

　　「可以坐火車去找你啊！」

　　詹天佑沒有想到小小年紀的

兒子，竟然會說出這樣的話來。但，他猛然心有所悟，轉頭望著妻子，無盡的思念在彼此的眼底無聲的傳送。

除了幫兒子做小火車外，詹天佑還做了許多輪船模型讓兒子當玩具。之後，他才又回到工作崗位，為中國的鐵路工程繼續努力。

光緒十八年，從天津到山海關的津榆鐵路修到灤河，要造一座橫跨灤河的鐵橋。雖然灤河河床泥沙很深，又遇到水漲急流，卻仍有許多先進國家搶著兜攬這椿生意。擔任總工程師的金達，當然以他的祖國英國為第一優先。

金達本來以為，灤河鐵橋由號稱世界第一流的英國工程師負責，絕對萬無一失，沒想到竟然失敗了。詫異萬分的他，改請日本工程師實行包工，卻仍無法完

工。遭遇挫折的他，緊張萬分，改讓德國工程師出馬，但，沒多久，德國工程師也敗下陣來。眼看交工期限快到了，卻還沒找到解決辦法，讓金達苦惱得不知如何是好。

這時，詹天佑竟然毛遂自薦說：「金達先生，請讓我試試看。」

金達訝異的看著詹天佑，他知道這個人做事非常認真負責，但，談到科學技術，金達跟許多洋人一樣，根本就不把中國人放在眼裡，就算詹天佑是留學生也一樣。更何況，英、日、德這些科技先進國家的工程師，都沒有辦法解決灤河鐵橋的問題，中國的工程師當然更不用說了。

可是，他又沒有其他法子可用，萬不得已之下，只好同意：「好吧！就讓你試試看吧！」

詹天佑是個認真踏實的人，他雖然是個留學生，卻不迷信外

國的技術，在吸取英、日、德工程師失敗的經驗，分析總結他們失敗的原因後，他又親自傾聽參加過施工的技術人員的意見，然後跟著工人一起實地調查，仔細測量研究灤河河床的地質土壤構造，以取得第一手資料。

　　經過反覆分析比較三國工程師的設計方案和打樁方法後，他才確定橋墩的位置，並且大膽採用「壓氣沉箱法」來進行橋墩的施工。用中國傳統的方法，以潛水員潛入河底，配合機器操作，順利進行打樁任務。最後，他終於戰勝灤河的急流和泥沙，建成灤河鐵橋＊。

　　這件事震驚了世界，因為一

放大鏡

　　＊這時詹天佑三十一歲，決心要為中國人爭氣。他用「壓氣沉箱法」建築基礎，打樁建橋。沉箱雙腳嵌入岩盤，基礎全部採用混凝土來建，墩身用石頭砌成。工程浩大，經過三十二個月，在 1894 年 2 月完成。灤河鐵橋全長 670.56 公尺，是東亞最先採用「壓氣沉箱法」施工的鐵路橋。

個中國工程師，竟然解決了三個外國工程師無法解決的大難題，令外國工程師不得不對他刮目相看。

這年，詹天佑還有另一件喜事，那就是他的第二個兒子文琮也在這一年誕生了。之後連續兩年，他又添了兩個女兒。不過忙碌的他，沒有時間可以常常回家陪伴妻兒，只好常常寫信，藉著書信往返，以解思鄉之苦。

14 獨挑大樑——
新易鐵路

　　光緒二十年，對獲選為英國土木工程師學會會員的詹天佑來說，是值得紀念的一年，因為他是第一個獲得這項榮耀的中國工程師；但對滿清政府來說，卻是悲慘的一年，因為這年爆發了中日甲午戰爭*。

　　被打得落花流水的清政府，在第二年和日本簽訂割地賠款、辱國喪權的「馬關條約」後，痛定思痛，決定以自強為號召，推行新政。

　　新政當然包含了鐵路的修

放大鏡

*中日甲午戰爭　光緒二十年的七月二十五日，中國和日本爆發了戰爭，兩國艦隊在黃海交戰。日本雖然是小國，卻有一支新式裝備的艦隊，結果日本把只有一些木製戰船的滿清打得毫無招架之力，甚至在遼東半島登陸，直攻北京。滿清政府嚇壞了，只有向日本求和，簽訂「馬關條約」，除了賠款兩萬萬兩黃金外，還割讓臺灣、澎湖給日本。

建，而學有專精的詹天佑，是督導鐵路修築的當然人選。但因朝廷積習難改，所以詹天佑不論是參加津蘆鐵路或錦州鐵路工程，赫赫有名的他，仍屈居在洋人工程師之下。

光緒二十六年，詹天佑主持錦州段的鋪路工程，當路軌鋪到大虎山時，卻因「八國聯軍」打來了，天津、北京大亂，關內鐵路被英、俄占領，關外鐵路也被迫停工。

詹天佑立刻去打聽「八國聯軍」的起因，才知是朝廷縱容義和團作亂所引起的。因為大權在握的慈禧太后，怨恨洋人侵略中國，又氣自己的軍隊不爭氣，與外國打仗，每戰必敗，戰敗後又要割地賠款，弄得民不聊生，朝廷顏面盡失。位高權重的她雖然和許多中國人一樣，恨洋人恨得要死，卻始終拿他們莫可奈何。

　　後來有大臣告訴她，民間有個義和團，裡面的所有團員都有神明護體，個個不但刀槍不入，還不怕洋人的子彈，絕對有能力將所有的洋人趕出中國。慈禧太后一聽，非常開心，從此，對義和團的所作所為，一概縱容，不加制止。

　　就在滿清政府的默許下，義和團的團員四處任意殺洋人、燒教堂、攻使館，引起各國嚴重抗議。信任義和團的慈禧太后，不但不理會各國的抗議，還向他們宣戰。因此，引發英、俄、奧、法、美、德、義、日八國聯軍進攻，天津、北京相繼失守，最後八國聯軍還占領了首都北京。

　　這時，慈禧太后才發現義和團只不過是紙老虎，根本擋不住洋人的槍砲。在無可奈何的情況下，她狼狽的挾持光緒皇帝逃到西安。

最後，清政府向八國求和，簽訂了辛丑和約，答應賠款四萬萬兩，同意各國許多不合理的要求，八國才肯撤兵。

了解事情的前因後果後，詹天佑氣憤得流下淚來，他實在想不透，慈禧太后明明知道國家積弱不振，近幾年來跟任何一個國家打仗都很少打贏過，怎麼會喪失理智，一口氣跟八個國家宣戰呢？這無異是「以卵擊石」啊！當然落得慘敗的下場。

而近乎天價的賠款金額，每一分錢都來自於民膏民脂，看來老百姓的生活又要更加困苦了。如果能將每次戰敗後給各國的鉅額賠款，拿來建設國家的話，他相信國家一定比現在富強多了，但……唉！

八國聯軍後，敗得灰頭土臉的慈禧太后心情非常低落，大臣袁世凱想討她歡心，便向她提議

在西陵一帶，鋪設一條專供皇室祭祖用的新易鐵路，那麼皇室要去西陵祭祖時，就可以減少舟車勞頓。

沒搭過火車的慈禧太后，聽了很心動，立刻下旨辦理，要袁世凱六個月內完工。

袁世凱本來想依照以往的慣例，聘請洋人工程師來負責這件事，可是因這條鐵路的修築時間太趕，加上現在正值冬季，氣候不佳，結冰的河面施工困難，又沒什麼利潤和政治價值可圖，因此，洋人工程師們都興趣缺缺，沒人想接下這份工作。

找不到工程師的袁世凱，賭氣的說：「我就不信，修建鐵路非你們洋人不可！」

這時，他想到了詹天佑，立刻派人把他找來，說：「詹大人，現在起，朝廷任命你擔任新易鐵路的總工程師。這條鐵路是老佛

爺＊明年到西陵祭祖要用的，所以你一定要在六個月內完工。」

「六個月內完工？」詹天佑雖然曾聽過一些新易鐵路的傳聞，卻沒想到這個任務會落到自己頭上。他知道這是一件不容易完成的任務，更知道容不得他拒絕。不過，他也不想拒絕，因為他想藉這件事向朝廷證明，中國可以用自己的人力、財力建設鐵路，不一定非要借洋債、用洋匠＊不可。因此，他堅毅的說：「遵命！」

儘管新易鐵路的價值不高，

放大鏡

＊老佛爺 慈禧太后稱作「太后老佛爺」。實際上，「老佛爺」的稱號不是慈禧專用的，而是清朝歷代皇帝的特稱都叫「老佛爺」，這是因為女真族首領最早稱為「滿柱」，「滿柱」是佛號「曼珠」的轉音，是「佛爺」、「吉祥」之意，因此，女真首領歷代相傳，特稱為「滿柱」。後來，清代建國後，將滿語「滿柱」漢譯為「佛爺」，成為清朝歷代皇帝的「特稱」。慈禧讓別人也稱她為「老佛爺」，是有其特殊目的，就是她把自己比作和皇帝一樣。

＊由於滿清政府常常戰爭，所以無論是戰時的花費，或是戰敗後給各國的賠款，都是一大筆錢，常弄得國庫空虛，因此修建鐵路時，不只是聘用外國人當工程師，還常向外國銀行借錢。

卻是中國人自己修築鐵路的開始，因此詹天佑非常重視。他知道這條全長約四十二公里的鐵路，要在六個月內完成，從測線、築路、鋪軌到通車，按照以往的經驗是不可能完成的；加上材料缺乏，又碰到嚴冬季節，施工困難，要完成任務，並不是件容易的事。但，他仍本著「人定勝天」的信念認真去做。

為了克服材料短缺的問題，他借用了京奉鐵路的舊鋼軌做岔道，枕木排列也比較寬疏，還用木架便橋解決橋梁問題；為了能如期完工，他帶領著全體工作人員，日夜趕工。最後，他用了四個月的時間和極省的費用，完成了新易鐵路。

光緒二十九年四月，新易鐵路品質高、提早完成通車，讓慈禧太后非常滿意，便賜給詹天佑「知府」頭銜。也就是說，詹天

15 主持京張鐵路

　　張家口是北京通往內蒙古的要衝，也是南北商旅往來的要道，自古以來，一直是兵家必爭之地。因此，光緒三十年，為了加強西北國防，督辦鐵路大臣袁世凱奏請朝廷同意，修建一條從北京到張家口的鐵路，就叫做京張鐵路。

　　因為建築京張鐵路是個大工程，有豐厚的利潤可圖，所以消息傳出後，許多國家都費盡心思想承包這項工程，其中以英、俄兩國搶得最激烈。

　　英國以這條鐵路是要向英國銀行貸款，便要脅要讓他們承辦京張鐵路；俄國則以中俄密約中曾經約定「長城以北的鐵路，不得由他國承辦」為理由，要求承辦。英、俄兩國為了確保在中國

的勢力範圍＊，對築路權爭執不休，弄得滿清政府頭痛不已。

在英、俄兩國政府的一再要脅下，不勝其擾的滿清政府，最後不得不宣布：「我國決定京張鐵路的建造，不借外債、不用洋匠，全部由中國人自己修築和經營。」

可是，當時中國鐵路的技術人才不多，雖然曾獨自完成了幾條困難度較低的鐵路，但要以那些知識、經驗和技術來完成京張鐵路，幾乎沒有人敢相信能夠做到。因此聽到滿清政府的決定，英、俄兩國都覺得滿清政府是在說大話，便派使臣威脅說：「如果你們決定京張鐵路由中國自己建造，那麼與我們英俄兩國無關，

放大鏡

＊ 19 世紀末，帝國主義對中國進行瘋狂的侵略和掠奪，劃定各自的勢力範圍，到處搶修鐵路，作為對中國政治與經濟侵略之用。因此，才會發生英俄兩國對京張鐵路築路權之爭。

到時遇到難題，別想找我們幫忙！」

這話聽起來既刺耳又令人氣憤，但袁世凱其實也怕事情真的演變成那樣，而使中國淪為國際笑柄。為了避免這種情況發生，他認為，擔任京張鐵路總工程師的人，一定得是個經驗豐富、學有專精、堅毅不拔的人。經過一番深思熟慮後，返鄉守父喪的詹天佑是他的第一人選。

詹天佑不是不知道，從北京到張家口，沿途大部分是高山峻嶺，尤其是居庸關、青龍橋到八達嶺，這段二十多公里的路線，地勢步步升高，盡是懸崖峭壁，在這樣的地形修建鐵路，連洋人也不一定能勝任，更不用說科技落後的中國了。但是，他決心為中國人爭一口氣，毅然承擔起這項艱鉅的任務。

不過，他的豪情壯志，卻被

　　一些瞧不起中國的洋人說是「狂妄自大」、「不自量力」，他們甚至還在報紙上嘲諷：「能建這條鐵路的中國人恐怕還沒出世吧！中國想不靠外國人的力量，自己修這條鐵路，就算不是夢想，最少也得再等個五十年……」

　　各種冷嘲熱諷雖然讓詹天佑備感壓力，但他仍不退縮，反而更下定決心要建一條「花錢少、品質好、完工快」的京張鐵路，好讓洋人對中國刮目相看。

　　詹天佑覺得「工欲善其事，必先利其器」，要如期建好京張鐵路，必須先擁有一支專業的工作團隊，於是他找來北洋武備學堂附設鐵路工程班學員、山海關路學堂畢業生、關內外熟練鐵路建築技術的工人組成他的工作團隊。在嚴格培訓後，這些人不但成為他建築京張鐵路的好夥伴，日後也成為中國鐵路建設工程的

重要人員。

光緒三十一年九月，京張鐵路正式開工，緊張的探勘、選線工程正式開始。

為了找尋一條比較理想的路線，詹天佑親自率領測量隊，背著標竿和經緯儀等測量儀器，日夜奔波在崎嶇的山嶺上，在峭壁上精心測量，定點製圖。長城內外，經常狂風怒號，風沙瀰漫，一不小心就有跌入山溝的危險。在這種惡劣環境下，他不怕艱苦，始終堅持工作。

一天傍晚，猛烈的西北風捲著砂石在八達嶺一帶呼嘯怒吼，颳得人睜不開眼睛，測量隊的成員急著結束測量工作，隨意填個大約測量到的數字，就從岩壁上爬下來。

詹天佑接過本子，一邊翻看填寫的數字，一邊疑惑的問：「數字準確嗎？」

冷得發抖的測量隊員，一邊搓著手取暖一邊回答說：「大概差不多。」

「怎麼有『大概』、『差不多』這種輕率的做事態度呢？」

詹天佑立刻以身作則，背起儀器，冒著風沙，重新吃力的攀到岩壁上，認真的覆勘了一遍，修正了一個極小的誤差，才慢慢爬下來。

測量隊隊員看他下來時，嘴唇都凍青了，便疑惑的問：「詹大人，誤差不大，你何必辛苦爬上去重新測量呢？」

詹天佑嚴肅的說：「技術的第一要求是精確，絕對不可含糊草率。」

如此嚴謹的做事態度，使得詹天佑所選定的路線，比外國工程師所選定的，隧道工程少了二千多公尺。他把全線分為三段，豐台到南口為第一段，南口到岔

道城為第二段，岔道城到張家口為第三段。

為了節省時間、金錢，詹天佑決定一邊築路基一邊鋪軌。

光緒三十一年十二月十二日，在豐台開始鋪軌前進，以便運輸材料，由詹天佑親手釘下這劃時代的第一口道釘。不過鋪軌沒多久，就發生一列工程車的車鉤鏈子折斷，造成工程列車翻車的事件。這成了中國沒有能力自己建造京張鐵路的證據，各種誹謗中傷的言論紛紛湧來。

滿清政府是在萬不得已的情況下，才決定自己修建京張鐵路的，其實並沒有多大的信心。因此發生了這件事，督辦鐵路大臣袁世凱非常緊張，日本雨宮敬次郎便趁機一再跟他遊說：「中國人沒有建京張鐵路的能力，還是讓我們日本工程師來做吧！」

在修建鐵路方面，一向受滿

清政府倚重的英國工程師金達，也幫日本人說話，使得袁世凱意志動搖，立刻就把詹天佑找來，說：「詹大人，當初你接下京張鐵路總工程師的工作時，說你有法子將鐵路建好，怎麼才開工沒多久，就發生工程列車翻車事件了呢？如果你做不到，我們不如早點請日本人接手⋯⋯」

「萬萬不可啊，大人！我們早對國際發布說，京張鐵路的建造，不借外債、不用洋匠，全部由我們中國自己修築和經營，怎麼可以出爾反爾，自打嘴巴呢？何況經下官調查，意外的發生只是因為這段路的坡度太陡，造成車鉤鏈子無法牢固連接每節車廂，所以才會發生工程列車翻車的事件。」

知道原因並沒有讓袁世凱鬆口氣，反而更加驚慌失措，因為他知道第一段工程的坡度雖陡，

但跟第二段經居庸關、青龍橋到八達嶺的工程比起來，算是小巫見大巫了。而現在就出問題，那以後該怎麼辦呀！

「如果不用日本工程師，你可有辦法解決？」

「有，而且解決辦法並不難。在美國有一種自動車鉤＊，可以使火車車廂間的連結更牢固，行車更安全。如果我們用自動車鉤取代鏈子車鉤，應該能解決這個問題。」

「如果只要用自動車鉤，就可以解決車廂脫節問題，你就趕快去做吧！」

放大鏡

＊**自動車鉤** 1860年時，自動車鉤已開始用於美國的火車上，四十年後所有火車都用這種車鉤。但在那個時候，中國的火車仍然用鏈子車鉤，直到1905年詹天佑建議引進自動車鉤。人們多年來誤以為自動車鉤是詹天佑在建築京張鐵路時發明的，所以叫做「詹氏鉤」，但事實並非如此；為了糾正這項誤傳，詹天佑在他所寫的《新編華英工學字匯》（1915年，中華工程師學會出版）中，把自動車鉤的譯名改為「鄭氏鉤」（Janney Coupler），不以自己的姓氏「詹」作為音譯。

　　自動車鉤果然解決了車廂脫節問題，使得第一段工程順利的在一年內完成通車，算是個好的開始。

16 完成不可能的任務

　　第一段工程順利完工，為了鼓舞工作人員的士氣，舉行了一個小型的慶功宴。慶功宴後，詹天佑回到工地的竹棚，那是他現在的家，雖然裡面設備簡陋，卻是他真正的家，因為他的家人全住在裡面。

　　自從接任京張鐵路的總工程師後，忙碌的工作讓他沒空回鄉探望家人，雖然妻兒體諒他的辛勞，並不抱怨，他自己卻無法忍受日日思念家人的痛苦，忍不住寫信跟妻子譚菊珍說：「真想念妳跟孩子們，要不是工地的居住環境太差了，還真想要你們搬來這裡……」

　　譚菊珍看完信，回信說：「居住環境差一些有什麼關係，只要全家人能在一起，便是天堂。」

然後毅然帶著孩子北上，搬進工地的竹棚居住。鐵路修到哪兒，全家就住到哪兒。讓詹天佑無後顧之憂，全心全意投入工作中。

「回來啦！」譚菊珍的關心，總能讓詹天佑的心裡感到無比溫暖。

「嗯，孩子們呢？」

「睡了。」譚菊珍倒了杯水給詹天佑潤潤喉，才又接著說:「恭喜你，京張鐵路的第一段工程終於順利完成了。」

不料，詹天佑只是淡淡的一笑，說:「第一段工程雖然順利完工了，但，接下來才是最大的考驗。」

「哦？為什麼？」

「因為第二段工程，是京張鐵路中最艱鉅的一段，沿途不但山巒重疊，還有陡壁懸岩，尤其是居庸關和八達嶺兩個隧道工

程，不僅要有豐富的經驗，精密的測量，還要有新式的開山機、抽水機、通風機等機械設備，而這些機械設備我們都沒有。」

「那怎麼辦？」譚菊珍焦急的問。

詹天佑苦笑回答說：「只好用人工來開鑿了。」

「不能請朝廷購買嗎？」

「朝廷說國家財政困難，要我自己想辦法。」

「既然國家財政困難，為什麼朝廷還能每年花一大筆錢，去整修頤和園呢？」見詹天佑欲言又止的模樣，冰雪聰明的譚菊珍立刻明白，把持政權的老佛爺，寧願花大筆銀子整修頤和園給自己享受，也不願撥經費買機器、修築鐵路，讓老百姓方便。對於這樣腐敗的政府，她也只能無奈一嘆。

詹天佑立刻安慰她說：「妳別

擔心，我相信集合大家的力量和智慧，一定能夠打通這兩個隧道的。」

譚菊珍信任的點點頭，說：「你早點歇息吧！明天還要繼續工作呢！」

「我出去巡視一下，妳先休息。」

看著詹天佑提著燈出去，譚菊珍並未攔阻，因為，這是他每天睡覺前必做的事。所有工程人員，都是住在簡陋的竹棚中，為了安全，詹天佑總是在大家睡了以後，四處巡視，看看有沒有忘了熄滅的燈火或火種；甚至發現有人忘了蓋被子，他也會幫忙蓋上。對這樣認真負責的丈夫，她感到無比的驕傲。

光緒三十三年，當工程進行到最為艱鉅的關渠地段時，詹天佑決定開鑿四個總長一千六百四十五公尺的隧道，其中難度最高

的是八達嶺隧道和居庸關隧道。

自古以來，八達嶺就是交通要道，山勢崎斜，石質堅硬；八達嶺隧道長一千零九十一公尺，是京張鐵路所有隧道中，山洞最長、施工最困難的一段。詹天佑經過精確測量計算，決定採用兩端對鑿法和豎井施工法開挖。所謂兩端對鑿法，就是從山的南北兩端同時對鑿；豎井施工法，就是同時在山的中段開一口大井，在井的兩端再向南北對鑿。這樣既保證施工品質，又加快了施工進度。

鑿洞時，大量的石塊全靠人工一鍬鍬的挖，湧出的泉水要人工一擔擔的挑出來，身為總工程師的詹天佑毫無架子，在指揮工作之餘，和工人一起挖石，一起挑水，就算汗流浹背滿身汗泥，也樂在工作中。在上下齊心努力下，世界聞名的八達嶺隧道只用

了八個月就打通了。

居庸關隧道雖然沒有八達嶺隧道長，但因地勢太高，土質鬆脆，所以施工十分困難；遇到下雨，滿地又是泥又是水的，更難開鑿。詹天佑費盡心思，用許多根大木頭支撐山壁，慢慢開挖，終於開通。

隧道挖通後，詹天佑緊接著面臨到另一個難題，就是如何在八達嶺這個陡峻的山勢上建築鐵軌。他知道，如果採取常用的螺旋路線＊，動力再強的火車頭，也無法拖動全部的火車，直接從山腳翻過山頂；可是，如果不用螺旋路線，又該怎麼做呢？

一天，他邊繞山觀察山勢，

放大鏡

＊螺旋路線　因為山坡的坡度太陡，爬山就會非常費力，因此一般的山路都會採「螺旋狀」，使路面不會太陡；雖然走螺旋狀的路，比直接走到山頂的距離更遠，但是卻比較省力，所以高山鐵路常採用此法。例如臺灣阿里山鐵路中的獨立山路線，就是採取螺旋路線。

邊思索該如何解決這個難題時，他的部屬小聲的對他說：「大人，那些外國工程師又來偷看了。」

自從隧道工程開工以來，外國工程師們就常藉著打獵之名，來偷看工程進度。詹天佑知道他們一直想看到他失敗，但他不會讓他們如願的。

「不用理會他們。」詹天佑淡淡的說。

可是，他不去招惹人家，並不表示人家就不會來招惹他。

那些外國工程師擁上前來，一陣虛假寒暄後，不甘心的說：「詹大人，真沒想到你一個中國人，竟然能完成這麼艱鉅的隧道工程。」

詹天佑聽出他話裡對中國人的輕蔑，便要自己爭氣而不要鬥氣，平靜的說：「這是靠全體工作人員的通力合作，不是我個人所能獨力完成的。」

「不過，如果火車開不到山頂，就算隧道挖通了也沒用啊！」

詹天佑聽了暗自心驚，他沒想到這些外國工程師的消息這麼靈通。他故作沉穩的說：「我們會想到解決的辦法的。」

「哦——那，我們就拭目以待囉！」

那些外國工程師不以為然的笑了笑，揚長而去。

部屬們見到他們盛氣凌人的模樣，個個氣得牙癢癢的，說：「大人，那些洋人真是過分，太看不起我們中國人了！」

「那我們就將京張鐵路建好，讓他們不敢再看不起。」

「好！」眾人豪氣萬丈的喊完後，突然想到一個迫切的問題，小聲的問：「大人，你想到在這個陡峻的山勢上建築鐵軌的辦法了嗎？」

眾人見詹天佑搖搖頭，萬丈

豪情全消失得無影無蹤。

「慘了！這個難題不解決，京張鐵路就無法完工，我們絕對會被笑死的！」

費了那麼多的心力，克服了那麼多的難關，卻因這難題而前功盡棄、功虧一簣，詹天佑心裡萬般不甘，卻又無可奈何。望著遠處挑著東西上山的挑夫，他茫茫然不知所措。

當視線裡那挑夫的身影消失在山頂上時，他覺得這些挑夫真是屬害，竟然可以克服山坡陡峭的困難，將東西一步一步的挑到山上去，如果火車也能如此就好了。

忽然，他靈機一動，高興的喊著：「我有辦法了！」

「大人，你有什麼辦法？」眾人期待的問著。

「我們鐵軌鋪設的路線，可以效法挑夫，採用『之』字形路

線工¥＊，使ㄕ傾ㄑ斜工度ㄉ大ㄉ大ㄉ緩ㄏ和ㄏ，這ㄓ樣ㄧ就ㄐ可ㄎ以ㄧ解ㄐ決ㄐ地ㄉ勢ㄕ陡ㄉ峭ㄑ的ㄉ問ㄨ題ㄊ了ㄌ。」

「這ㄓ真ㄓ是ㄕ絕ㄐ妙ㄇ好ㄏ計ㄐ呀ㄧ！」

詹ㄓ天ㄊ佑ㄧ立ㄌ刻ㄎ根ㄍ據ㄐ八ㄅ達ㄉ嶺ㄌ附ㄈ近ㄐ陡ㄉ峻ㄐ的ㄉ地ㄉ形ㄒ，從ㄘ山ㄕ多ㄉ坡ㄆ陡ㄉ的ㄉ青ㄑ龍ㄌ橋ㄑ地ㄉ段ㄉ，巧ㄑ妙ㄇ的ㄉ設ㄕ計ㄐ了ㄌ「之ㄓ」字ㄗ形ㄒ鐵ㄊ路ㄌ，降ㄐ低ㄉ坡ㄆ度ㄉ，解ㄐ決ㄐ了ㄌ在ㄗ地ㄉ勢ㄕ陡ㄉ峭ㄑ的ㄉ地ㄉ方ㄈ鋪ㄆ設ㄕ鐵ㄊ軌ㄍ的ㄉ問ㄨ題ㄊ。他ㄊ還ㄏ考ㄎ慮ㄌ到ㄉ火ㄏ車ㄔ動ㄉ力ㄌ的ㄉ問ㄨ題ㄊ，決ㄐ定ㄉ火ㄏ車ㄔ開ㄎ到ㄉ這ㄓ裡ㄌ，配ㄆ合ㄏ兩ㄌ臺ㄊ大ㄉ馬ㄇ力ㄌ火ㄏ車ㄔ頭ㄊ，前ㄑ拉ㄌ後ㄏ推ㄊ，增ㄗ加ㄐ牽ㄑ引ㄧ力ㄌ，使ㄕ列ㄌ車ㄔ能ㄋ安ㄢ全ㄑ上ㄕ坡ㄆ，穩ㄨ穩ㄨ的ㄉ開ㄎ到ㄉ山ㄕ頂ㄉ。

克ㄎ服ㄈ了ㄌ第ㄉ二ㄦ段ㄉ工ㄍ程ㄔ的ㄉ艱ㄐ鉅ㄐ問ㄨ題ㄊ後ㄏ，所ㄙ有ㄧ工ㄍ作ㄗ人ㄖ員ㄩ更ㄍ有ㄧ信ㄒ心ㄒ，

放大鏡

＊「之」字形路線　由於八達嶺的山勢過於陡峻，所以如果採取常用的螺旋路線，動力再強的火車頭，也無法拖動全部的火車，直接從山腳翻過山頂。因此，詹天佑在螺旋路線中，加入「之」字形（也有人稱「人」、「Z」字形）路線，使坡度能更加減緩。例如臺灣阿里山鐵路自屏遮那站到第一分道後，鐵路就呈「之」字形曲折前進，經過三個分道，火車時而往前拖、時而在後推，最後才能抵達阿里山，所以有「阿里山火車碰壁」之稱。

去面對第三段工程的各種難題。

在宣統元年（1909年）五月，京張鐵路終於完工了。

完工的那一剎那，詹天佑和全體工作人員流下欣喜的淚水，興奮的大聲歡呼：「我們做到了！我們完成了不可能的任務了！」

八月十九日，京張鐵路舉辦大規模的通車典禮。一時人山人海，中外來賓擠得會場水洩不通，大家都想來看完成這項艱鉅任務的大功臣——詹天佑的廬山真面目。

郵傳部尚書徐世昌上臺致詞時，對詹天佑讚許有加。因為京張鐵路，不但比原定六年的時間提早兩年完工，創造中外鐵路史上的一大成就；總費用只有外國承包商報價的五分之一，為國家省下許多銀子；更重要的是，它振奮了民心士氣，增加了中國人的自尊心和自信心。

一些原本蔑視詹天佑的外國工程師，乘著火車參觀京張鐵路後，深深覺得整個工程真是一項絕技，忍不住豎起大拇指稱讚詹天佑說：「你真了不起！」

能令洋人刮目相看，詹天佑滿心歡喜，但他知道如果不是全體工作人員胼手胝足，齊心努力，單憑他個人的力量，是無法完成這項巨大工程的。因此，他由衷的說：「這功勞是屬於修築京張鐵路所有人員的，不是我個人的。」

京張鐵路除了提升中國工程師的地位外，更將詹天佑個人的事業推向高峰。除了朝廷賜給他「工科進士第一名」外，他還當選美國工程師會會員，在他之前從來沒有中國人入選過。不過，詹天佑並沒有被蜂擁而來的讚美和榮耀給沖昏了頭，在京張鐵路完成後，他接任粵漢鐵路督辦兼

總工程師，為修建中國鐵路繼續奮鬥。

在新職務上任前，他和妻子譚菊珍搭乘火車，為他嘔心瀝血的精心傑作做最後的巡禮。因為陪他一起走過，所以譚菊珍更能明瞭，完成京張鐵路是多麼不容易啊！因此她由衷的向他道賀：「恭喜你！」

「謝謝！」詹天佑緊緊握著譚菊珍的手，接著說:「更謝謝妳陪我度過所有的難關。」

譚菊珍俏皮的笑著說:「這是我的榮幸！」

「這更是我的榮幸！」詹天佑充滿真情摯意的說。

濃濃的情意，讓夫妻倆綻放出幸福的笑容。

譚菊珍接著想到，美國決定頒給詹天佑「工科博士學位」，並要他親自去美國參加受銜儀式的事情，於是問他:「你決定去美

國參加『工科博士學位』的頒贈儀式嗎?」

「我很想趁這個機會帶妳到美國,看看他們出神入化的各項科學技術,見識他們新奇便利的各項現代化建設,可是……」

「可是粵漢鐵路快要開工,探勘、選線工程要趕緊進行,所以沒空去。」譚菊珍氣定神閒的接著說。

「妳怎麼這麼清楚?」詹天佑詫異的問。

「當你的妻子也不是這兩天的事,你的個性我還會不清楚?既然你不重視這些虛名,就別理會它,專心從事鐵路建設吧!」

「謝謝妳!只是又要辛苦妳陪我住工地竹棚了。」

譚菊珍搖搖頭說:「我說過,只要全家人在一起,就是天堂,再多的辛苦也甘之如飴。所以你就放手去做吧!」

有了妻子的全力支持，詹天佑更是盡心從事中國的鐵路建設，擔任許多條鐵路的總工程師和顧問，為中國早期的鐵路事業四處奔波忙碌。

在他修築鐵路的三十多年當中，幾乎和當時中國的每一條鐵路都有不同程度的關係。他不但培育國內的工程師，還努力引進外國鐵路新技術和設備，建立先進的管理辦法，更倡導統一中國鐵路工程標準，奠基中國鐵路法規建設。

總而言之，詹天佑為中國鐵路史寫下光輝燦爛的一頁。

1861 年	出生於廣東南海縣。
1872 年	參加容閎主持的幼童留學美國計畫選拔，面試獲錄取。後入「幼童出洋肄業局」所辦的預備學校，學習中、英文和美國的風土民情。8 月，從上海啟程前往美國。
1873 年	進入紐哈芬海濱男子學校讀書。
1875 年	考進了紐哈芬希爾豪斯高中就讀。三年後，以班上第一名、全校第二名的優異成績畢業。
1878 年	以優異的成績進入耶魯大學，修讀土木工程，決心專攻鐵路工程。
1881 年	以〈碼頭起重機的研究〉的論文從耶魯大學畢業，獲得土木工程學士學位。7 月，清朝政府撤回所有留學生，返回中國。回國後，被派到福建福州水師學堂，學習駕駛輪船。

1885 年　　　調往廣州水師學堂任教。

1887 年　　　與譚菊珍結婚。

1888 年　　　參與津沽鐵路的建設工程,得以學以致用。

1894 年　　　完成灤河鐵橋,是東亞最先採用「壓氣沉箱法」施工的
　　　　　　　鐵路橋。同年,獲選為英國土木工程師學會會員。

1902 年　　　建造新易鐵路,是中國人自己修築鐵路的開始。以四個
　　　　　　　月的時間完成。

1904 年　　　主持修建京張鐵路,沿途大部分是高山峻嶺,修築不
　　　　　　　易,歷五年修建完成。

1919 年　　　病逝。

國家圖書館出版品預行編目資料

鐵路巨擘：詹天佑／陳佩萱著;李詩鵬繪.－－初版四
刷.－－臺北市：三民，2019
　　面；　　公分.－－(兒童文學叢書／世紀人物100)

　ISBN 978-957-14-4414-7　(平裝)

　1.詹天佑－傳記－通俗作品

782.882　　　　　　　　　　　　　　　94024012

© 　鐵路巨擘：詹天佑

著 作 人	陳佩萱
主 　 編	簡　宛
繪 　 者	李詩鵬
發 行 人	劉振強
著作財產權人	三民書局股份有限公司
發 行 所	三民書局股份有限公司
	地址　臺北市復興北路386號
	電話　(02)25006600
	郵撥帳號　0009998-5
門 市 部	(復北店)臺北市復興北路386號
	(重南店)臺北市重慶南路一段61號
出版日期	初版四刷　2019年10月修正
編 　 號	S 781280

ISBN　978-957-14-4414-7　　(平裝)

http://www.sanmin.com.tw　三民網路書店
※本書如有缺頁、破損或裝訂錯誤，請寄回本公司更換。